〈愛国心〉に気をつけろ！

JN256906

鈴木 邦男

表紙写真については一七頁を参照。

岩波ブックレット No. 951

第1章　美しいが、毒ももつ〈愛国心〉

〈愛国心〉がかわいそう

愛はすばらしい。他人を愛する。家族を愛する。近所の人、学校の友だちを愛する。国を愛するということも、その延長線上にある。だから、〈愛国心〉だってすばらしいし、〈愛国心〉をもつことも当然のことだ。

でも、この言葉は利用されやすい。「愛」と言いながら、その反対の「憎悪」や「排除」に使われたりする。〈愛国心〉は人間として自然で、当然の感情であるはずなのに、為政者などに利用され、エスカレートする危険性がある。外国への憎しみを煽って、外国人を排除し、戦争を讃美する道具にもなってしまう。国をとりまく環境が不安定になると、「愛国心があるなら、国を守るために戦争も辞さずの覚悟をもて！」などとも言われる。そんなことが、いまネット空間や路上のデモなどで、平然と叫ばれている。「愛」なのに、「愛」がない。これでは〈愛国心〉がかわいそうだ。

他国の人を傷つけるような言動をしても、また、そうした行為が少々暴走してしまっても、〈愛国心〉という言葉で正当化される。「日本人なんだから日本を愛するのは当然じゃないか」と言われる。あるいは、批判すると「日本を愛していないのか？」「日本がどうなってもいいのか？」などとも言われる。こう言われてしまうと、誰も反対できない。反対できないから、その言葉は力をもつ。あらゆることが許され、認められてしまう。

「普通」「当然」「常識」と言われてしまえば、そうした大勢の声に反対する人もいないし、疑問に思う人もいなくなってしまう。少しでも疑問に思ったり、異議を呈したりすれば、すぐに「売国奴」「非国民」という罵声が浴びせられる。そう言われてしまえば、みんなが住んでいるこの国を裏切り、他国に売り渡そうとしている人間だ、と認定されたも同然。もはや、この国の国民ではない、とされる。この国に住む権利はないし、この国で生きていく資格はない、と。疑問や批判に対して、「ここがおかしい」と議論するのではなく、その人間の存在自体が総体として否定されるのだ。人間を排除し〝抹殺〟してしまう行為も、〈愛国心〉のもとに、よいこととされる。「愛国無罪」だ。

考えてみると変だ。愛を説きながら、憎しみや排除が暴走する。なぜこんな逆転現象が起きているのか。いや、逆転現象だと、多くの人たちは思っていないのだろう。実は、そのことが、僕にはよくわかる。傲慢かもしれないが、そう思う。

「愛国者」が「愛国者」に批判される

なぜ、わかるのか。それは、僕が高校生の頃から、〈愛国心〉に目覚め、「愛国運動」をしてきたからだ。もう五〇年以上も運動している。何の疑問ももたずにやってきた。自分が生まれ、生活しているこの国を愛し、守るのは当然だ、常識だ、と思い、「愛国運動」を闘ってきた。国歌

「君が代」は今までに一万回以上歌い、国旗「日の丸」も一万回以上掲揚してきた。靖国神社にも一〇〇回以上行っている。この国に関する本も読みあさった。それに、「愛国運動」のために、何度も逮捕された。だから、自分こそが「愛国者」だ、という自負がある。

〈愛国心〉はもっているだけではダメだ。それについての理論を知っているだけではダメだ。実践が伴わなければならない。そう思って実践してきた。ひとりよがりな点もあったかもしれないが、自分としては純粋に、真面目にやってきたつもりだ。リスクも冒したし、徹底的にやってきた。「愛国者」としてのノルマは完全に果たしたつもりだ。

だが、最近、奇妙な現象が起きている。完璧な「愛国者」だと自負していた僕が、同じ「愛国者」たちから批判されている。「鈴木は愛国者ではない。非国民だ！　売国奴だ！」と。「昔は右翼の学生運動をしていたかもしれないが、いまは転向して左翼になっている」「裏切り者だ！」などと言われる。

自分では何も変わっていないし、ずっと一貫したことを言い、一貫した運動をやってきたつもりだ。それなのに「変わった」「堕落した」「転向した」と言われる。おかしな話だ。たぶん、僕が新聞やテレビで言っている断片的な言葉を取り上げて、「こんなことを言うようでは、もはや右翼ではない」「愛国者ではない」と思っているようだ。特に、左右で対立するテーマである憲法、防衛、天皇制といった問題についての僕の発言が、同じ「愛国者」から強く批判されることが多い。

何度も言うように、僕自身は昔から変わっていないと思っている。その時々の状況で、国を愛するがために、国をよくしたいがために、発言しているつもりだ。ところが、自分たちの考えや表現方法と少しでも違っていると、許せないらしい。

しかも、いまは「愛国者」たちにとって、時代の風が有利に吹いている。安倍晋三首相も「日本を取り戻す」と宣言している。隣国と協調するよりも、日本の権益を堂々と主張しようという。そして、戦後、アメリカに押しつけられた憲法を改正し、自主憲法をもつことを目指すと公言している。こんな首相は初めてだ。自分たちの時代が来た。この機会を逃してはならない。「愛国者」たちはそう思っているのだろう。

安倍政権を支える人たちの中には、僕の学生時代の仲間たちもいる。学生のころの僕らにとって、憲法改正こそが念願だった。それが、いままさに実現できそうだ。そう彼らは思っている。かつては、左翼が強いから絶対に無理だと思われていた。しかし、いまは強い力をもっていた左翼はいない。憲法改正という〝奇跡〟が起きようとしている。

いま、日本の右派・保守派といわれる人たちは時代が大きく変わったと感じている。敗戦コンプレックスに陥って「自虐史観」にとらわれた時代から脱却し、自主自立の日本になろうとしている。「日本を取り戻す」という実感をもっているのだろう。

ところが、僕は、本書でも書くことになるが、この大きな波を警戒している。危険だと思って、反対している。現在の〈愛国心〉のありように疑問をもち、安保法制にも反対し、さらには「いまは憲法改正は危険だ」などと僕は発言している。社民党の議員を応援したりもしている。すると「鈴木は「愛国者」でも右翼でもない」「裏切り者だ！」と批判される。

繰り返すが、僕は強固な〈愛国心〉をもっており、それにもとづいて行動しているつもりだ。しかし、多くの「愛国者」からは、僕の行動は「非国民」で「売国的」と映るようだ。

純粋な愛の危険性

本当は、「愛」も〈愛国心〉も一つではないのではないか。人によって、表現方法も行動もかなり変わってくるのではないか。猫かわいがりのような愛もあり、相手の主体性を認めた上での愛もあり、時には相手を束縛し、強制する愛もある。いや、相手を束縛し、強制するようなのは本当の愛ではない、と言われるかもしれない。しかし、愛は激しければ激しいほど、相手を束縛し、強制することも多い。

よく問題になるが、ストーカー行為などもそうだ。激しい愛情を抱いている。好きだからこそ、相手に自分の気持ちをわかってほしい、と思う。相手にされなかったり、ましてや拒否されたりすれば、「こんなに愛しているのに、なぜわかってくれないのか、世界中で俺が一番愛しているのに」と、さらに感情がエスカレートする。その女性が、他の男性と付き合っていると、「なぜ、そんなくだらない男と付き合っているのか」と思いこむ。そんなのは間違った愛だ、自分の愛こそが本物だ、気づかせなくてはならない——。こうして犯罪にまで踏み出してしまうことが少なくない。

相手を嫌うという感情なら、まだマシなのかもしれない。相手を避ければすむだけのことだ。ところが、愛の場合はそうはいかない。黙ってはいられなくなる。相手に自分の思いを気づかせなくてはならないと思う。そして、どんどん突き進んでいくと、自分の愛だけが純粋で正しいと思いこんでしまう。そのうち、愛しているはずの相手の心や事情などよりも、激しく愛を抱いている主体である自分のほうが大事になってくる。相手から困惑され、逃げられようともおかまいなし。客観的な判断もできなくなる。純粋な愛に従って突き進む。その愛で、彼女を焼き尽くしてもかまわない――。

似ていないだろうか。愛国を叫び、在日の人たちなどをターゲットとして「日本から出て行け!」「死ね!」などと叫ぶヘイトスピーチ・デモをする人たちに。日本を愛しているから、行動しているんだ、と彼らはいう。しかし、これは愛とはいえない。在日の人たちや、韓国や中国などに対する反発と憎しみでしかない。恨みや憎悪でしか語れない〈愛国心〉など、おかしい。本当の〈愛国心〉ではない。

〈愛国心〉というからには、心のあり様がまずは問われるべきだろう。自分は日本のこんなところが好きだ、こんなところに惹かれる、ということを謙虚に心の中で思う。それが、あるべき〈愛国心〉だろう。

在日コリアンに対するヘイトスピーチ・デモ(東京都新宿区, 2013年6月, 写真提供＝共同通信社).

そのうえで、生活し、行動すべきだろう。それなのに、あまりに言挙げしすぎていないか。「俺はこんなに愛している」と大声で言うのは、かなり恥ずかしいことだ。それどころか、「自分は「愛国者」だが、あいつは違う。国のことを思っていない」などと批判し、さらには隣人への憎しみを煽る。憎しみでしか、愛を語れないとしたら、本当の愛とは言えないだろう。

「国を愛すること」と「人を殺すこと」

前述したように、僕は「愛国運動」を五〇年以上、やってきた。鈴木は、その長い運動のなかで、疲れ果て、気力を失い、かつての運動に疑問をもつようになった、と思っている人(かつての仲間など)も多いのだろう。しかし、それは違う。いまだって気力はみなぎっている。むしろ運動に入る前や、入って初期の頃に抱いた問題意識を思い出している。若い、未熟な疑問であり、問題意識だ。

一九六〇年一〇月、社会党委員長の浅沼稲次郎《あさぬまいなじろう》が右翼青年に公衆の面前で刺殺された。日比谷公会堂で立会演説をしている時だった。犯人は、当時一七歳の山口二矢《やまぐちおとや》だった。新聞でも一面で大きく報じ(**図参照**)、連日、テレビでもこの場面を何度も繰り返し放映していた。僕が右翼になったのは、テレビで右翼テロを見て衝撃を受けたからだろう、と思われるかもしれないが、それほど単純ではない。ただただ驚き、衝撃を受けた。

僕が通っていた高校はミッションスクールで、やけに厳しい学校だった。そんな高校を早く卒業して、東京の大学に行きたかった。そうすることで初めて自由を得られると思ったのだ。日米安保条約をめぐって東京では大きな騒ぎになっていることは知っていた。しかし、仙台の高校だったし、そうした騒動については、あまり聞こえてこなかった。仙台でも安保反対の運動が少しはあったのかもしれないが、まったく関心をもたなかった。政治のことなどまったくわからなかった。それよりも、大学に入って自由になれることだけを願って、自分の勉強にばかり集中していた。言うなれば、自分のことしか考えない利己的な高校生だった。

毎日新聞
浅沼氏刺殺・政局に衝撃
山崎公安委員長が辞意表明
治安の責任問題化
警察庁長官、総監も
きょう公安委で協議
選挙日程変わらず
十五日に抗議集会
江田氏が委員長を代行
社会党決定
短刀で左胸二突き
日比谷で演説中
17才の右翼少年逮捕
右翼の取締り強化
吉村氏の出頭求む
犯行、事前に知っていた?

図　社会党委員長・浅沼稲次郎の刺殺事件を伝える『毎日新聞』(1960年10月13日付).

そんな時に、同じ一七歳の山口二矢は、国のことを考え、行動を起こした。社会党委員長を殺し、その後、自決した。これには、ただただ驚いた。賛同したわけではない。同じ一七歳の人間がなぜ、そこまでのことができたのか、それが不思議だった。また国を愛するが故に、と山口は言っていたが、国を愛することが、どうして殺人に結びつくのか、それもわからなかった。その大きな疑問は、その後もずっともち続けてきた。大きな「クエスチョン」とともに歩んできた。

その後、いろんなきっかけがあって右翼運動に進むことになる。集団運動の熱狂の中で、遠い記憶になってしまったが、時々、思い出すことがある。「国を愛すること」を突きつめると、「人を殺すことになる」のかと。そんなことはない、と思いながらも、「愛国」が往々にして排外主義やテロに走ることがあることに気がつく。何度も、そんな場面を見てきた。

また恐ろしい話だが、時折、自分の心の中にもフッと浮かびあがってくる思いがある。大衆運動がうまくいかないと思い、自分の言論活動にも展望がないと思い、絶望的な気持ちになる。そんなとき、ふと思うのだ。そうだ、自分も「愛国者」だ。だったら、国のために命をかけるべきだ。国のためにならない人間を取り除き、自分もその場で自決すべきだ。もう、これしかない——。

これは狂気であり、妄想なのだが、何やら甘い誘惑のようでもある。いつまでも無力な老人として生きながらえるよりも、思い切っていまを捨てて行動に移る。肉体的な命はそこで終わったとしても、この日本国の中心で一体となって自分は生きるのだ。不死だ。そんな夢想をすることもある。そしてハッと我に返り、「いけない。何を考えているんだ」と自分で自分を叱りつける。

〈愛国心〉がもつ危険性

先に、「愛国運動」に身を投じてきた僕だからわかる、と書いた。僕は、自らを振り返って、〈愛国心〉の危うさ、愛ゆえの暴走が起きることを実感している。だから、気をつけなければならないし、謙虚でなければいけない、と心底から思っている。そして、いまの時代の危険性を感じる。

〈愛国心〉は美しい花だ。しかし毒をもっている。そのためなら死んでもいいと思わせる。至上の愛だ。最上のストーカー行為だ。愛の対象であるはずの「国」が、どう思っているのかなどは考えない。もしかしたら、〈愛国心〉の名のもとに行われる行為によって、「国」は傷つき、貶《おとし》められ、傷つけられているかもしれない。しかし、「国」は言葉を話せない。「お前らなんか嫌いだよ」と言えない。愛という「正義」によって、勝手に使われる。

ヘイトスピーチ・デモでは、何本もの「日の丸」が打ち振られている。その光景を見るたびに思う。「日の丸」が泣いているのでは、と。寛容で自由な国民の象徴であるべきなのに、排外主義の先頭に立たされている。「やめてくれ！」と叫びたいのではないだろうか。

愛はすばらしいし、美しい。しかし、時として暴走する。〈愛国心〉もそうだ。特に「愛国者」が集まり、「愛国運動」を起こすと、急にエスカレートし、他人の迷惑を考えないことが起きやすい。また、運動している人間を甘美に駆り立てる。この気分の中で、死んでもいいと思わせる魔力もある。この気分は、生命を軽く考えることにつながる。自分の生命だけでなく、他人の生命をも軽く考える。俺だって生命をかけているんだから……となる。

政治がうまく機能していない、世の中がよくならない。民主主義社会の中での問題は、言論活動によって解決していくべきなのだが、言論活動が力を発揮できていない、と絶望しはじめると、「愛国」の誘いは甘美に映る。言論活動など無駄だ。「愛国」にもとづいた行動ならば、どんなことでも許される。そう錯覚してしまう。五〇年以上も「愛国運動」をやってきて、もういまさら「愛国」の「甘美な誘惑」や「危険な誘い」には乗らないと思っている自分でも、時として、ふっと引き込まれそうになる。危ない。〈愛国心〉に気をつけろ、といくら自覚してもしすぎることはないのだ。

第2章　スローガン化した政治の危うさ

僕は改憲派だ。今でもそうだ。だが、今の右傾化ムードの中で急に改憲するのは危ないと思っている。日本の状況がよくないこと、日本が閉塞していることなど、その原因を何でも憲法のせいにする風潮がある。「押しつけられた憲法だから」「憲法さえ変えれば日本はよくなる」。そんな空気がエスカレートしつつある。

日本国憲法は、長い間、「左右激突」の道具にされてきた感がある。憲法そのものが、冷静に客観的に論じられることが少なかった。左翼の人たちは言う。「平和憲法さえ守っていれば、大丈夫。少しでもいじったら、改悪になる。戦争が起きる」と。右翼の人たちは言う。「これは日本が占領中にアメリカから押しつけられた憲法だ。日本人が自主的につくったものではない。改正すべきだ」と。だから、議論はかみ合わない。もちろん、僕は後者の立場だった。

改憲派にはいくつもの派閥というか、運動体がある。この憲法をどう見るかで違いが出てくる。どの条文のどの部分を改めるべきなのか。改めるのは一部だけでいいのか、あるいは、全面的に改めるべきなのか。明治憲法との関係をどう見るか……。このように改憲派の中にも、いろいろな考えがある。それに比べると、護憲派は、条文を変更することを一切許さない立場なので、わかりやすい。

「ちぇっ！　右翼め！」

一九六三年、早稲田大学に入学する時、僕は赤坂の乃木坂《のぎざか》にある「生長の家」学生道場に入った。全国から三五人ほどの学生がやってきて生活していた。ただの寮で、行事も自由参加だと聞いていたが、実際は違った。とても厳しい道場で、行事は強制参加だった。

「生長の家」は愛国思想を基調とした新興宗教団体で、僕が小さい時に母が入信していた。母はかつて肺癌《がん》を患い医者にも見放されたが、「生長の家」の先生に治してもらった。それ以来の熱心な信者だった。ただ、家族に勧めることはなかった。中学生や高校生のとき「生長の家」の練成会があり、そこに参加した。東京に行けるというので、自分から進んで行った。大学に入学した際の道場にしても、自分から進んで入った。当時、僕のように田舎から出てきた学生は、親類の家に居候するか、あるいは県人会などの寮に入るか、ぐらいしか選択肢はなかった。自分でアパートを探して住むなんてことはなかった。早稲田に入ったのが嬉しくて、どこに住もうとどうでもいいと思っていた。ところが、「生長の家」は厳しいところだった。いや、当時、時代の要請でもあったのか、僕が入った時には、厳しい修行を行う場に変わっていた。

朝も夜も宗教行事のすべては強制だ。朝は五時四五分から一時間、正座してお祈りし、お経をあげる。そのあと道場長の講話を聞く。それから外に出て国旗掲揚、君が代斉唱、皇居遥拝《ようはい》をやり、ラジオ体操。そして道場の掃除だ。夜は九時半からまた、お祈り。そして「生長の家」の本の輪読会。土、日も「生長の家」の講習会の手伝いに駆り出される。本当にハードな修行だった。

僕が道場に入ったのは一九六三年だ。「六〇年安保」の騒乱の空気がまだ残っていた。六〇年安保の時は、街に出て、左翼の人たちと論争し闘ったという先輩たちがたくさんいた。また一九三〇年に「生長の家」を創設した谷口雅春《たにぐちまさはる》先生も強烈な「愛国者」だった。宗教者である以前に「愛国者」だった。

谷口先生はこんな話をしていた。「六〇年安保は何とか乗り切ったが、まだまだ騒ぎは続いており、革命の恐怖も去っていない。革命が起きたら、日本の伝統・文化は否定される。天皇制も否定される」。また、こうも言っていた。「宗教の本来の役割は個人の命を救い、個人の悩みを解いてやることだ。しかし、いまは国家が危篤状態にある。国家をよみがえらせるために立ち上がれ」

道場では自由はないし、共同生活だ。道場長は「生長の家」本部から派遣されてきた先生だ。朝のお祈りの時間に、先生は話す。道場長は戦争中、海軍にいた。軍艦の艦長だった。赴任していた町の話や、特攻隊についても話した。谷口先生と同じく「いまは危機の時代だ。君たちは国を守るために立ち上がるべきだ」といった話を毎朝、聞かされた。そして、僕らも自分たちは特攻隊のように身体をかけて闘おうと思っていた。

当時は、全国の大学で紛争やストライキが起こっていた。「授業料値上げ反対」などのスローガンが掲げられていた。学生にとっては切実な問題だった。だが、僕たちは「そんなものは嘘だ。方便としてやっているだけだ」と決めつけていた。

そして、運命の日は来た。僕たちは「ストライキ反対！　これは学生の生活のことを考えた運動ではない。中国やソ連が日本を侵略することに手を貸すことになる」などと立て看板を書いた。左翼の連中が文句を言ってくるはずだ。少しは論争になるかと思っていた。ところが、左翼の人たちは、嵐のようにやって来て、あっという間に去った。嵐の中で取り残された僕は、いきなり殴られ、嵐が去った後には、地面に転がされていた。一瞬のうちに粉砕された。論争など起きない。「こんな奴らとは議論するのもけがらわしい」という感じだった。ただ、最後にこんな捨てぜりふが投げつけられた。いまでもよく覚えている。「ちぇっ！　右翼め！」

「右翼」と言われたのは生まれて初めてだった。「えっ？　誰が右翼なんだよ。俺たちたちは普通の、一般学生じゃないか」と思った。だが「右翼め！」と言われて、その日から「右翼」を意識した。

「改憲」か、「復憲」か

その頃、つまり一九六〇年代は圧倒的に左翼が強かった。大学でも全共闘の天下だった。右派はほとんどいない。「愛国」や「天皇制の擁護」「改憲」などを主張する学生はほとんどいない。そんなことを少しでも口にすると、左翼学生に囲まれて糾弾される。僕のように殴られ、粉砕されることになる。ここで「改憲」と書いたが、右派は、憲法については、ほとんどが改憲派だった。つまり、占領軍に押しつけられた憲法を改めるという考えが主流だ。でも、それは、現在の憲法を憲法として認め、そのうえで改憲するということだ。これに対して、おかしいのではないか、という人が少数ながらいた。谷口先生もそうだった。

谷口先生は、よくこんな例を持ち出して説明していた。冬の間に雪が降っていくら積もろうとも、時間がたつと雪が溶けて地面があらわれる。雪とは、現在の憲法だ。日本がアメリカに押しつけられたものだ。しかし、日本が独立すれば、その雪はなくなり、地面（大日本帝国憲法＝明治憲法、一八八九年、明治二二年二月一一日公布。翌年一一月二九日施行）が現れてくる。だから、改憲というのならば、この明治憲法をもとにして改めたらいい。部分的に改めるにせよ、全面的に改めるにせよ、この明治憲法をもとにしてやるべきだ。これは憲法上の論理としては一番筋が通っていると、当時、僕は思った。「生長の家」のほかにも、「復憲」といって少数だが、「明治憲法復元」運動をしている人たちがいた。

右派の学生組織「全国学生自治体連絡協議会(全国学協)」の初代委員長として講演する著者(1969年).

おもしろい例を一つ紹介しよう。一九六九年のことだ。岡山県奈義《なぎ》町の町議会で、「明治憲法復元改正」の決議(「大日本帝国憲法復原決議」)が行われ、日本中をあっといわせた。「えっ？　明治時代に戻るのか」と誤解した人もいた。新聞でも大きく取り上げていた。ほとんどが内容については論評せず、「なぜ？」という記事ばかりだった。実は岡山には、戦前から右翼運動をしている人がたくさんいて、町議会などにも影響をもっていた。また、議員の中にもそうした人はいた。それに「宣言だけ」として、他の議員に呼びかけたのだろう。学生だった当時、僕は、この「明治憲法復元改正」が一番正しいと思っていた。

最近、この件で、全国紙の記者から取材を受けた。この記者は、奈義町へ取材に行ってきたばかりだと言う。現在の改憲問題について記事を書く上で、この奈義町の町議会宣言は大事件であり、取り上げたいと考えたようだ。しかし、現在、このことについて何の痕跡《こんせき》もない。奈義町に住んでいる人たちだって、知らないだろう。当時の記事でも、町民が「明治時代に戻るようで、ここに住むのが恥ずかしい」と答えていたのを記憶している。

前述したように当時、右派の人たちは主に「改憲」を主張していた。しかし、いま見たように、ごく一部だが、「明治憲法復元」を主張する人たちがいた。だが、この二つの主張は、互いに相容れず、相互に批判し合っていた。改憲派は言う。「復憲などと突飛なことをいうから、我々改憲派も誤解される。そんなことを言うから、ますます改憲が遠のいてしまう」と。一方、復憲派は言う。「占領憲法を認めたうえで改正しようなど、むしろ護憲派より悪質だ」と。僕は、双方から呼ばれて、双方の言い分を聞かされた。そして、そんな言い合いは、改憲へのムードが高まってから、徹底的に議論したらいいではないか、と言っていた。改憲に対する拒否のムードが強い段階で、批判し合っていたら、共倒れになってしまうではないか、と。

このように「復憲」や「改憲」など、右派には主張の違いはあったが、当時、僕たちは「諸悪の根源　日本国憲法」などというスローガンを掲げて運動をしていた。問題にすべきは、現憲法のどこがどうまちがっているかという部分的なことなどではない。アメリカから押しつけられた憲法なので、根本的に間違っている。全面的な改正が必要だ。そして、日本の世の中の問題は、すべてこの憲法のせいだ、というわけだ。これなら、「復憲」と「改憲」の違いも乗り越えられる。しかし、かなり強引だし、無理もある。決めつけも甚だしい。でも、当時は、自信をもって主張していた。

犯罪が多いのも、経済がよくないのも、親子の関係がうまくいかないのも、すべて憲法のせいだ、とも言っていた。それらには、一つ一つ自分たちなりの「理屈」や「理由」があった。現在の憲法は、再び日本が強い国になってアメリカに戦いを挑まないように、アメリカがつくったものだ。そう思いこんでいた。日本の歴史に誇りをもってはならない。伝統・文化を教えてはならない。家族の絆もできるだけ断ち切る。そのために子どもたちの自主性を尊重させ、親に反抗させる。結婚にも親の承認は必要ない。だが、これでは必ず親子げんかになる。あえて、そうなることを期待して、この憲法はつくられたのだ。日本を弱体化させるためにつくられたものであって、いま起きている不幸なことや犯罪などは、すべて憲法に起因するのだ。そんな「理屈」を、当然のことと思いこんでいた。

「愛と正義」のもとに集団が暴走するとき

こうしたスローガンは、法律や政治にもとづいた議論などではない。感情的な「運動の論理」だ。人々に訴え、人々を動員しようとするとき、あれこれ言うよりも「こいつが敵だ!」と断定したほうが成功する。「これこそが、すべての悪の原因、元凶だ」と言ったほうがわかりやすい。運動として盛り上がるし、人を動員しやすい。問題を簡単にまとめ、ターゲットを一つにしぼり、そこに憎しみや反発を集中させる。人を煽ることで、運動を盛り上げるのだ。

そのスローガンに、客観的なデータや裏付けがあるわけではない。はじめから、「我々は正しい」という前提だ。とかく運動はこうした方向に陥りやすい。また、人はこうしたムードにはまりやすい。「同じ考え」の人たちだけでいると、心地よいことも事実だ。それがあったので、僕も脱出できなかった。「そうだ、そうだ!」と言い、「敵はこいつだ」「やっつけろ!」と言う。それですべての問題は解決すると思う。あの時の一体感、高揚感は体験した者でないとわからないだろう。

自分をわかってくれる人がいれば、「仲間がいる」と実感できる。しかも、愛と正義のために運動をしているという思いもある。愛と正義にもとづいた自分たちの運動は、小さなものかもしれないが「原液」のようなものだ。これが広がっていき、日本中に流れていけば、確実に日本はよくなる。そう思いこんでしまう。右翼の運動だけではなく、左翼にも、また市民運動にも、そうした危険性はひそんでいる。はなから冷ややかに見ていて、「俺はだまされないぞ」と思っている人はそれでいいかもしれない。しかし、運動に限らず、「愛と正義」はどんな場面にも現れる。しかも、単純であれば、あるほど、人は、そこに惹かれやすく、のめりこみやすい。

運動をしているほうは、詐欺で人をだまして仲間を集めようとしているわけではない。純粋に愛と正義にもとづいて運動をしている。だからこそ、エスカレートし、過激化する危険性もある。

映画作家の森達也さんは、以前、雑誌で僕と対談したとき、こんなことを言っていた。「主語が複数になると述語が暴走する」。英文法の話をするようにさらりと言ったのだ。うまい表現だ。森さんも集団行動の中で苦しんだ体験があるのかもしれない。森さんは、オウム真理教の事件を取材し、『A』『A２』といったドキュメンタリー映画を撮ってきた。そうした取材を通じての体験から言っているのかもしれない。

主語が「私」だと、みな謙虚に話をするし、自己批判もする。ところが、主語が「我々」になると、自分のことを客観的に見ることができなくなる。「我々」という主語を使うときは、右翼や左翼、宗教、市民運動などの共通項をもっている。たまたま、その場や時間を共有しているだけでは、「我々」とは言わない。映画や芝居を観に集まっている人たちの間で「我々」という言葉は使われない。

僕がやってきた「愛国運動」も、まさにそうだった。「僕」が主語なら、「まだ、その点がわかりません」などと言える。しかし、「我々」と言ったら、迷ってはいけない。「断固〇〇すべきだ！」「〇〇を阻止しろ！」となる。「我々」としてまとまり、「一つの意思」のもとに運動することになるのだ。もちろん、集団での運動は大切だし、すばらしいと思う。しかし、こうした危険性が常にひそんでいることは、自覚しておくべきなのだろう。

なかには、こんな疑問をもつ人もいるだろう。「目的」が間違っているから暴走するのではないか。あるいは、集団の中に独裁的なリーダーがいたから暴走したのではないか。集団の中に、きちんと「民主主義」が確立していれば、暴走することはないだろう、と。こうした疑問は、集団での運動をしたことのない人たちにとっては説得力がある。その通りだと思うだろう。しかし、集団での運動を体験した人間は、そんなことはない、と思うはずだ。理想的な目的を掲げて行動したとしても、必ずしも理想的な動きとはならない。また、目的ももたず、そしてリーダーもいないような集団、たとえば、趣味で集まったような集団でも、集団での行動がエスカレートしてしまうこともある。目的や動機だけが問題なのではない。集団であることは、常に、暴走する危険があるのだ。

最近は、少年犯罪などを見ていても、同様のことを感じる。複数の仲間で、特にリーダーがいるわけでもない。その中で、集団の中で一人だけ少し目立ったり、他と少し差異がみられたりすると、攻撃のターゲットにされる。リンチされたり、しまいには殺されたりもする。誰も「やめろ」と言い出せない。あるいは、誰かが「やめろ」と言うのを期待しているのかもしれないが、自分からは言い出せない。一人一人が暴走し、凶暴化していく。特に目的があるわけでもなく、リーダーもいない。なんとなく集まっているような集団のほうが、そうなりやすい。

ある死刑囚との出会い

僕は、現在、死刑反対の運動をしたり、冤罪被害者の救援運動をしたりしている人たちとも付き合いがある。死刑囚となっている人のなかには、一〇代や二〇代初めで何らかの集団に入り（「徒党を組む」と言った方が正確かもしれない）、ささいなことで人と争い、殺してしまったという者もいる。そんな人たちに何人も会ってきた。

「鈴木さんのところに行って、右翼運動をやりたいと思っていた」。そんな死刑囚に会ったことがある。そう思ったときに、僕のところに来ればよかったではないか、と思った。残念だとつくづく思った。しかし、実際には僕のところには来ないで、周囲の者と集団をつくり、けんかをして歩いた。強いリーダーがいないから、「そんなバカなことはやめろ」と叱る人もいない。みな同等で平等。だから、「カッコいいところを見せよう」などと思い、凶暴な行為に出る。他の人間がやれないような残酷なことをやると、「お、根性がすわっている」「勇気がある」と一目置かれる。そんな小さな集団なのに、仲間から認められたくて、凶暴になる。その結果、取り返しのつかない罪を犯して死刑を宣告され、いま拘置所にいる。若いときは、何でもできると思いこむ。仲間にカッコいいところを見せたくて、つい暴走する。そのときは認められたのだろう。得意だったのだろう。しかし、いまは拘置所にいて、死刑となるのを待っている。

僕も若いときは、そうだった。何度も思いつめて、より過激なことをやろうとした。それが、「愛国心」を行動で示すことだと思いこんでいた。でも、行き着くところまでは、行動できなかった。勇気がなかったからか。決定的な計画がなかったからか。でも、実行した人はいる。大勢いる。長い間、刑務所に入っている人もいるし、死んだ人もいる。その人たちのことを考えると、「申しわけない」という気持ちになる。俺は卑怯だから生きのびてきた。卑怯だからシャバにいる。そう思ってしまう。

若いときのささいなことで犯罪に走り、死刑囚となった人たちは、毎日、後悔し続けている。だが、僕のところで右翼活動をしたかったという彼は、違った。「死刑になりますが、僕はそれでよかったと思います。幸せです」と言う。思わず顔を見返した。冗談でも皮肉でもなく、そう言うのだ。「もし、捕まらなくて逃げていたら、僕はただのケダモノです。人間の心をもつことなく、人間として生きたこともないケダモノです。でも、逮捕されて、拘置所に入り、ここの人たちに教えられて〈人間〉になります。人として死んでいけるのだから幸せです」。思わず涙が出た。こんなことを言える人は他にいない。もはや、「神」の心境ではないか。しかし、「神」の心境にまで高めて、命を奪うのだから、死刑制度は残酷だと思う。彼の言葉はいまでも、胸に響いている。

集団の狂気は内にも向かう

集団が暴走するとき、外に向かって凶悪な犯罪として現れることもあるが、その狂気が内に向かうときもある。最も顕著な例が、一九七二年の連合赤軍事件だ。山岳アジトの中で、仲間どうしで「粛清」をはじめたのだ。「革命を妨げている」として、自らの行動への「総括」を要求し、そのあげくに殺してしまう。僕も連合赤軍については、かなり調べて本も書き、関係者とも会って話を聞いてきた。特に植垣康博《うえがきやすひろ》さんとはよく話をしている。連合赤軍の元メンバーで、二七年間獄中生活を送り、出所したあとは本を書き、マスコミなどにも出て発言している。いまは静岡でスナックを経営している。その店でもトークイベントをやったりした。

みな初めは夢や理想をもって運動に入り、山に登った。でも、だんだんとおかしいと思うようになったはずだ。「総括」の名のもとに仲間をリンチし、殺している。そのとき、逃げようとは思わなかったのか。「思わなかった」と、僕が会った大部分の人は言う。

でも、山から脱走して逃げた人も何人かいる。その人たちの話も聞いた。ところが、その人たちが本を書いたり、マスコミに出て発言したりすることはない。変だと思った。あれは異常なリンチ殺人事件だった。それがわかったので、自分は逃げた。自分のやったことが一番正しかったのだ。そう堂々と言えるはずだ。その権利もあるはずだ。でも言わない。これは不思議だった。

たとえ、犯罪集団になっていたとしても、自分が属していた集団から逃げ出したことに、どこかうしろめたさを感じているのだ。本来なら、そんなものは感じる必要がない。もしかしたら、ここに日本人特有の問題があるのかもしれない。「思想」をもった連合赤軍なら、脱走することに、やましさや罪悪感を覚えることにも、理解する余地はあるかもしれない。しかし、思想的なものではなく、なりゆきで徒党を組み、けんかをし、殺人を犯してしまった少年たちの場合はどうなのか。まずいと思ったら、脱走していいはずだ。しかし、こうした場合でも、脱走はほとんどない。集団から外れること、そこから脱出することが、しにくいのが日本社会の特徴なのかもしれない。

スローガン化した政治のもとで

この章の冒頭で述べたように、僕は改憲派だが、いまの右傾化の動きに任せて、改憲することは危険だと思っている。安倍政権は「日本を取り戻す」と勇ましく宣言する。中国や韓国にじゃまされることなく、日本の立場を堂々と主張すべきだ。日本がこんなに弱体化してしまったのは憲法のせいだ。アメリカから押しつけられた憲法のせいで、戦力をもつことを否定され、日本は他国になめられてきたのだ。憲法を改正して、自衛隊を国軍にし、強力な戦力をもとう。「普通の国」にしよう——。こうした声が、一部の右派などだけではなく、世論や政治家の間でも大きくなっている。

しかも、自民党が野党時代につくった「日本国憲法改正草案」(二〇一二年)などをみても、「すべては憲法のせいだ」といった意識が垣間見られる。憲法改正に過剰な期待がされる。あれもこれも、憲法が悪いからだ。じゃあ、憲法を変えよう、憲法に書きこもう、と。家族がバラバラになりかけている。じゃあ、「家族は大切だ。助け合おう」と書こう。最近の若い人たちは自由ばかりを主張して、責任感が感じられない。じゃあ、「自由には責任と義務がともなうことを自覚すべき」と書こう。

僕が右翼学生時代、「諸悪の根源　日本国憲法」というスローガンのもとに闘ってきたことを書いた。人を動員し、改憲ムードを高めるための運動としてのスローガンだ。しかし、いま、僕たちのやってきたのと似たことが、政治の中で行われている。似た掛け声が叫ばれている。まさに「スローガン化した政治」だ。確かに、当時、僕といっしょに運動した人たちなども、安倍首相の周辺にいて、現在の改憲運動の中心にいる。

当時は左翼が圧倒的に強く、僕たちは簡単に粉砕された。しかし、いまは左翼もほとんどおらず、国会では野党の力も弱い。「日本を取り戻せ」「中国、韓国になめられるな」と〈愛国心〉が煽られ、日本社会全体が集団で暴走しかけているようにさえ思う。

もう一度書く。僕は改憲派だ。でも、いまの急激な改憲の動きは危険だから、反対だ。

第3章　自由のない自主憲法か、自由のある押しつけ憲法か

改憲派から転換するきっかけ

改憲派だった僕が、その考えに疑問をもちはじめる契機となった事柄がいくつかある。一つは、深夜の討論番組『朝まで生テレビ』で、一九九〇年代、憲法をテーマにした回に出たときのことだ。もう一つは、女性と男性が本質的に平等であることを定めた憲法第二四条の草案を書いたベアテ・シロタ・ゴードンさんと会ったこと。この二つが大きいと思う。また、憲法学の小林節《こばやしせつ》さん（慶応大学名誉教授）からの影響も大きいと思う。

『朝まで生テレビ』（『朝生』）は一九八七年にスタートした。初期の頃は、ずいぶんと出演していた。「右翼」「天皇制」「憲法」などをテーマにしたときなどだ。一九九〇年一月、本島等・長崎市長（当時）が「天皇に戦争責任はある」と発言して右翼に撃たれた事件のあと、『朝生』は「日本の右翼」をテーマに討論を行った。テロをした右翼を批判する論調が多いなか、天皇制や戦争責任などについて考えようとしたのだ。右翼の論者は七人。僕も入っていた。右翼といっても、年齢もバラバラだったし、本当は考え方も違う。「でも本番中は、仲間を批判しないように」といっしょに出演した右翼の先輩に言われた。僕は、この頃は若手の右翼論者として出た。

そのあと、一九九一年に「憲法」がテーマのときに出演した。このとき、右翼は僕一人だった。

先の「日本の右翼」のときは、自分が何か言って失敗しても、他の人たちがフォローしてくれるという安心感があった。しかし今回は僕一人だ。大丈夫かな、どうしようと思った。すべて自分一人の責任になる。聞きかじった中途半端なことは言えないな、と思った。自分の頭で考え、体験したことしか言えない。他の人の助けはないのだし、第九条のことも聞かれるだろう。なぜ、反対するのか、前文、第一条……、どこが悪いのか、などを考えていった。

条文の中には、改憲すべき理屈があるものもあるが、一方で、右翼だから自分は反対しているというだけの単純な思考に陥っていたことをも思い知らされた。特に、第九条や第二四条などは、どう考えるべきか悩んだ。軍隊をなくして平和を求める。改めて客観的に見てみると、悪くはない。理想としては立派だ。でも日本だけが軍備を捨て、世界中の国々はもっている。それでは「力の空白」ができ、かえって危ないのではないか……などといろんなことを考えた。まあ、右翼全体の考えを代弁することはできない。自分の考えだけを述べればよい。そう覚悟して、『朝生』に挑んだ。

激しい論争になった。僕も、いままでのような硬直した考えではなく、独自の立場から話した。しばらくしたら、後ろのギャラリー席に、先輩の野村秋介《のむらしゅうすけ》さんがいた。「みな、きれいごとばかり言って、聞いちゃいられない」と怒っていた。たぶん僕の発言に一番怒っていたのだろうと思った。でもそれを言うと「内ゲバ」的になるので、「全員の発言」を批判する形で、「きれいごとばかり言って」と批判したのだろう。

野村さんは川崎の寿司屋でテレビを観ていたという。『朝生』が始まったので観ていたら、みなが「平和だ」「人権だ」などときれいごとばかり言っている。そんなことで日本は守れるのか。この国の憲法はこれでいいのか。それを言いたくて、川崎からタクシーを飛ばして来たという。いまと違い、当時の『朝生』は五時間もやっていた。川崎からタクシーを飛ばしても優に間に合う。それに野村さんはこれより前に何回も『朝生』に出ている。だから、すぐにスタジオに入れたのだ。

いずれにしても、このとき、僕は憲法について、はじめて自分の頭で考えてみようと思うきっかけができた。改めて憲法を読んでみると、「諸悪の根源　日本国憲法」などと、はなから否定していたときには気づかなかった、その良さなどにも、改めて気づかされたのだ。

ベアテさんの覚悟

そして、僕にとって決定的だったのは、ベアテさんとの出会いだ。一九九六年のことだ。ベアテさんが日本に来て憲法の話をするということを知った。当時の社会民主党・党首、土井たか子さんが呼んだようだ。このとき、ベアテさんは「憲法第二四条の草案を書いたのは私です」と告白した。いままでは、一度も言わなかった。そのことは秘密にして墓の中までもっていこうと思っていた。九〇年代に入ったころから、「自虐史観」などという言葉が言われ、「現在の憲法はアメリカの占領軍がつくって、日本に押しつけたものだ」という声が大きくなりつつあった。そんなときに「第二四条の草案を書いたのは私です」とベアテさんが名乗りでたら、「ほら見ろ。法律の専門家でもない、若い女の子がつくった程度のものだ。それを押しつけたのだ」などと言われ、改憲派を勢いづかせることになる。ベアテさんは、それを心配した。

だが、日本で改憲ムードが盛り上がっている。自分が名乗り出ることで、マイナスになることもあるかもしれないが、それ以上に、終戦直後にアメリカ人が、日本の未来に対してもっていた「理想」も示せるのではないか。そんな思いで来日した。ベアテさんは、そう言っていた。決死の覚悟だ。

それでも当時の僕はベアテさんの話を知り、「やっぱり、アメリカ人がつくった憲法じゃないか」と思った。それに、新憲法の起草作業に入った時、ベアテさんは二二歳だった。大学生の年頃じゃないか。女子大生が大学のレポートを書くような気分で書いたんじゃないか、とも思った。正直に言えば、日本が見下されたようで不愉快だった。ベアテさんは、その後、何回も日本に来て講演した。僕も講演を聞きに行った。そして、二度目か三度目の時、少し不思議な感情にうたれた。

アメリカは日本に勝って、この国がもう二度とアメリカに歯向かうことのないように軍隊を廃棄させ、そのために憲法つくった。「軍隊をもたない、戦争をしない」国にした。確かにアメリカの意向でそうなった。だが、それだけなのか。

あの戦争は、人々の熱狂を背景としたファシズムによる戦争だった。しかし、もうファシズムの国々は負けた。もう世界に牙をむくファシズム国家はない。だから、この機会に、戦争それ自体をなくしてしまおう。それには、世界が同時に軍備を捨てたらいい。しかし、できない。では、まず日本でテストケースをやってみよう。そうしたら世界もそれに続くだろう。そんな夢のような「理想」を考えたのではないか。もちろん全員がそうだったとは思わないが、こんな理想主義者がいたことは事実だとベアテさんも言っていた。ベアテさんだって夢のような理想を考えたんだ。第二四条だ。婚姻は両性の合意のみにもとづいて成立する、と書いた。また女性の権利や地位が尊重されるべきことも、はっきり書いた。これは本国アメリカの憲法にだって規定がない。アメリカ以上の民主的、理想的な憲法をつくろうとしたのだ。

確かに、占領中にアメリカが日本に憲法を押しつけたのは事実だろう。だが、夢のような理想を求めて、必死に実現させようとした人たちがいた。ベアテさんは「その理想や努力をわかってくれたからこそ、当時の日本の一般の人たちも喜んでくれたんです」と言う。本当に、憲法を押しつけられて喜んだのだろうか。だが、本を調べたり、映像などを探してみると、確かに日本人は喜んでいたようだ。「憲法音頭」などという歌までつくって、盆踊りのように踊ったという話まである。この歌は、一九四七年五月三日の新憲法が施行された日に発表された。作詞はサトウハチロー、作曲は中山晋平《なかやましんぺい》だ。

憲法音頭と「二四条」の歌

その後、ベアテさんの姿勢や言葉に感銘を受けた僕は、ベアテさんと知り合い、話をするようになった。

あるとき、ベアテさんは僕に「二四条だって、こんな素晴らしい条文は世界でも初めてだって、日本中が喜び感謝したんです。歌までできたって聞いたわ」と言った。「憲法音頭」さえ、あまり知られてないし、僕も聴いたことはなかった。ましてや第二四条なんて、一つの条項に感動して歌なんてつくるだろうか。僕は「いつできたんですか？」誰が歌ってたんですか？」とベアテさんに聞いたら、「それがわからないの。鈴木さん、調べてくれない？」と言われた。

えっ！と驚いた。「そんな歌なんてないと思いますよ」と言おうと思ったが、やめた。ベアテさんは、護憲派の人々と何度も会っている。「日本人はみな、二四条をつくってくれてありがとうございます」といつも感謝されているのだろう。「二四条をありがたく思い、封建的な結婚から脱却できたんです」と言われているのかもしれない。あの条文のおかげで、親が反対したけど、好きな人と結婚できた、などという実例も聞いたのかもしれない。「日本中が喜んで、感謝している」と言われ、素直に信じたのだろう。そんな絶賛の声の中で、「二四条をたたえる歌まででてきたんです」と聞いたという。ベアテさんは、きっと有名な歌なんだろうと思い、歌についてそれ以上、質問しなかった。しかし、その後、思い出して、護憲派の人に聞いてみても、誰も知らないという。

僕は半信半疑だった。誰かが、ベアテさんを喜ばせるために、適当なことを言ったのではないか。あるいは、誰かが何かの替え歌として披露した、という程度なのかもしれない。しかし、「調べてみて」と頼むベアテさんは、本気だ。第二四条の歌の存在を信じている。まいったなぁと思いながらも、「ともかく探してみます」と応え、いろんな人に聞いた。もしかしたら、左翼系のフォーク歌手などが反戦歌のように歌ったのかもしれない。その方面から調べてもわからない。会う人、会う人に聞いた。何百人と聞いた。それでも、わからない。

そのうち、「あっ、聴いたことがある」という人が一人だけいた。「たしか守屋浩《もりやひろし》が歌っていたよ」と言う。急いで探してみたが、売ってない。ただ「守屋浩全曲集」というのが五万円で出ていて、その中に入っているという。ベアテさんのためだ。思い切って買った。聴いた。

「二十四条知ってるかい」という歌で、かなりコミカルな歌だ。第二四条をまじめに評価した歌というよりは、憲法を知らない親をからかった歌だ。「なんてったってお父さん、僕はあの娘《こ》が好きなんだ」という歌詞で始まる。しかし親は反対している。結婚させないという。でも憲法では親の許しなんか必要ない、当人同士が合意すれば結婚できるんだ。「結婚ってのは両性の合意によって決まるのさ」「お父さんたら知らないの憲法二四条を」という歌詞で終わる。はたしてヒットした歌なんだろうか。「こんなふざけた歌なの?」とベアテさんは怒るかなと思ったが、アメリカのベアテさんに送った。そしたら、日本に来たとき、「とてもよかったわ。とても苦労をかけてすみません」とお礼を言われた。軽い感じの歌だが、そのほうが、国民みんなが歌っているようで、うれしく思ったらしい。

護憲派と改憲派によるニューヨークでのシンポジウム

ベアテさんと知り合うようになってから数年経った二〇〇七年、日本の憲法改正をめぐる状況について話し合うシンポジウムがニューヨークで行われ、パネリストとして僕も呼ばれた。護憲派と改憲派が一堂に会して話し合うというのだ。日本でも、この手のシンポジウムはやっていない。護憲派も、改憲派も、それぞれ「自分たちだけ」で集会を行い、気勢をあげている。それなのに、ニューヨークでは両派を同じ舞台に上げて行ったのだ。
パネリストの中で、日本人は僕だけだった。また改憲派も僕だけだった。ベアテさんを中心として、大学の先生ばかりだ。日本からは映画『日本国憲法』(二〇〇五年)をつくったジャン・ユンカーマンさんが参加していた。

ニューヨークで開催された日本の憲法改正をめぐるシンポジウムのパネリストたち．左から２人目がジャン・ユンカーマンさん，３人目がシロタ・ベアテ・ゴードンさん，右端が著者(2007 年５月)．

この頃、僕は、改憲派といっても、その立場に固執することなく、かなり柔軟に考えるようになっていた。ベアテさんと何度も会って話しているうちに、憲法をつくったアメリカ人たちの理想や夢を感じていたからだ。しかし、それでも疑問は残っていた。どんなに立派な理想や夢をもって憲法草案の作成にあたっていたとしても、当時、日本はまだ占領されている最中だ。日本の議会で議論はするにしても、アメリカからの圧力は大きい。すばらしいものであっても、日本に「押しつける」ことにやましさはなかったのだろうか。ベアテさんに聞くと、そんな心理はなかったようだ。それだけ理想と夢に燃えていたのか。あるいは、日本には自分たちでまともな憲法をつくる力がなかったのだから、自分たち(アメリカ)がつくってやったのだ、感謝されこそすれ、文句を言われる筋合いはない、とでも思ったのかもしれない。

少なくとも、連合国軍最高司令官のマッカーサーはそう思っていたのだろう。というのも、マッカーサーは、当初、日本政府に憲法改正の作業を要請した。ところが、政府が設置した憲法問題調査委員会(委員長:松本烝治《まつもとじょうじ》・国務大臣)のつくった試案が、『毎日新聞』にスクープされた(一九四六年二月一日付)。その内容は大日本帝国憲法(明治憲法)とそれほど変わらない、保守的なものだった。それを知ってマッカーサーは落胆した。こうしてGHQは、自ら改憲作業に乗り出したのだ。

もし、僕がマッカーサーの立場だったとしても、落胆しただろう。日本は戦争に負けたのだ。だったら、旧《ふる》い憲法は破棄して、一から書き直すぐらいのことをしなくてはダメだ。改正作業を任された日本政府や委員たちはそう思わなかったのだろうか。往生際が悪すぎると思う。むしろ、アメリカが驚くぐらい進歩的で革命的な憲法を書いてやればよかったのだ。そうすれば、アメリカに「あなたたちには任せられない」とは言われなかっただろう。「アメリカに憲法を押しつけられた」と改憲派は怒るが(かつての僕もそうだったが)、その原因をつくったのは日本の側ではないか。日本の政治家や官僚、学者ではないか。

自称「愛国者」は何もしない

それにしても、なぜ明治憲法とそれほど変わらないような案をつくったのか。不思議だ。いろんな本を読み、いろんな人に聞いて調べてみたがわからない。そんな時、一冊の本に出会った。「これかもしれないな」と思った。ジェームス三木による『憲法はまだか』(角川書店、二〇〇二年。のちに角川文庫)という本だ。憲法公布五〇年を記念して、一九九六年にＮＨＫで放映された、ジェームス三木脚本のテレビドラマを小説化したものだ。

それによるとこうだ。日本は徹底的に戦争に負けた。憲法だってまったく新しい進歩的なものにするしかない。そう思いつつも、でも……と考えた。アメリカの占領は、ずっと続くものではない。占領が終わったとき、あまりに進歩的・民主的な内容を書いたら、何と言われるかわからない。「日本人の魂を売ったのか」「アメリカ人になったのか」と国民から批判されるかもしれない。「売国奴」「裏切り者」とののしられるかもしれない。政府や改正作業に当たった人たちのそうした心理も影響した結果、明治憲法とそれほど変わらない案になってしまった。「売国奴になりたくない」「愛国者でいたい」といった思いも、政治家たちの判断を誤らせてしまったのだ。

同書には、こうある。

三百年近くも、封建制度になじんだ日本人の精神構造に、外国から急に輸入された民主主義が、そう易々と根づくだろうか。国体が護持されるかぎり、天皇を頂点としたヒエラルキーは、旧支配体制とともに、再び復活する公算は大である。

そのとき、占領軍のいいなりに憲法を改正していれば、その張本人は、誰かということになる。へたをすると憲法担当大臣は、国賊よばわりされかねない。(中略)

これは松本（烝治）だけの考えではなく、幣原《しではら》（喜重郎《きじゅうろう》）首相も、美濃部《みのべ》（達吉）博士も、佐々木（惣一）博士も、明治憲法の改正に消極的な人々のすべてが、心のどこかに沈めていた共通概念と思われる。（カッコ内ルビは引用者）

「国賊」などと言われようと、徹底的に改正作業をやればよかったのだ。そうすれば、アメリカに任せることなく、「日本人がつくった自主憲法」ができただろう。〈愛国心〉という言葉が政治家たちの目をくらませてしまったのではないか。政治家などが「愛国者」を自任し、「愛国者」のままであろうとすると、それは、時として何もしないことにつながる。

たとえば、いま、日韓や日中関係がうまくいっていない。関係を改善したいと思う政治家は多い。あるいは、「韓国、中国を許すな！」と勇ましい言葉を口にする政治家も最近は少なくない。拉致問題のある北朝鮮などに対しては、特にそうだ。しかし、中国や韓国、北朝鮮などに乗りこんでいって、たとえ、けんかになっても話し合ってこよう、問題を解決してやろう、という政治家は少ない。相手の国に行こうともしない。

一度か二度、行っただけでは相手にされないかもしれないし、関係もすぐには好転しないだろう。すると、マスコミや世論から「何もできなかったではないか。向こうに取りこまれたのか」などと批判される。そして、ネットなどで「売国奴！」とののしられる。次の選挙で落ちてしまうかもしれない。だったら、日本という「安全地帯」にいて、「韓国、中国を許すな！」と怒っているポーズを示しているほうが得策。そのほうが、「愛国者」だと思われる。そう思われるように振る舞うことは、簡単だ。それに、「愛国者」と思われたい、という誘惑は強いのだ。しかし、政治家などで「愛国者」と自称している人たちのなかで、本当の「愛国者」がいるだろうか。「売国奴」などと言われてもいい。それが国のため、国民のためになる、と判断して、覚悟をもって行動している人こそ、本当の「愛国者」なのではないか。

国の視点での憲法論議の危うさ

ニューヨークでの憲法シンポジウムに話を戻そう。ただ一人の改憲派であった僕は、こう主張した。日本では、「アメリカに押しつけられた」と思いこんでいる人が多いのだから、もう一度、国会で議論したらいい。あるいは国民投票にかけてもいい。いまの憲法を認めるかどうか、国民で議論して決めたらいい。そこで認められたら、「日本人がつくった日本の憲法だ」と認めることになるだろう、と。護憲派の人たちは、憲法改正について議論すること自体を避けようとする傾向がある。少しでも議論の突破口をつくったら、第九条などが改憲される方向にいってしまう、危険だ、というわけだ。それでは、あまりに消極的すぎる。

一方、現在もそうだが、この当時の改憲のムードや改憲派の主張にも、違和感があった。前章でも触れたように、僕たちの学生時代のスローガン「諸悪の根源　日本国憲法」と似た空気があった。何でも悪いのは憲法のせいにして、それで憲法を改正しよう、という発想だ。そもそも、個々人の希望や要求をすべて憲法に入れようとするのには無理がある。また、個々人の不安や、時代の不安を憲法で解決してもらおうとするのもおかしい。いまの若者はだらしがない。憲法が軍隊を放棄しているからだ。だったら、徴兵制の必要性を憲法に書こう、などとなる。そんなことを積み重ねていったら、とても憲法などできない。

それに、憲法について考える際、とかく人は自分が国家になったような錯覚に陥りやすい。明治憲法をつくった時の伊藤博文もそうだっただろう。自分が国家となり、まず防衛が必要だ、主権は天皇にある、司法、立法をどうする……と考えていったのだろう。もちろん伊藤は当時、総理大臣であり、一国の責任を担っていたので、そうした発想をもつのは当然だろう。しかし、改憲について一般の人たちが論じる際にも、自分を国家と同化してしまう傾向がある。本来なら、民間人として考えるのだから、個人の自由や権利などについて真っ先に考えてもいいはずだ。なのに、上から見下ろす国家の目線になってしまうのだ。他国から侵略されないためには国家の独立、自主防衛が必要だ。戦争になったら、道路や鉄道などは軍隊が優先して使えるようにならなくてはならない。国民の自由なんて二の次だ、制限だって必要だ……。

これはおかしなことだ。憲法とは、本来、その時々の為政者が暴走しないように、彼らを縛るためにつくられた装置だ。それが立憲主義という考え方だ。なのに、一般の人たちも、国家の目線で自分たちを縛る方向へと、改憲を構想したがる。まず国家を守ることを考え、国民の生活、権利、自由などは、ずっと後になる。

国民の自由を縛るための憲法？

前章でも触れたが、自民党は二〇一二年に「日本国憲法改正草案」を発表している。ニューヨークでシンポジウムを行った二年前の二〇〇五年にも、自民党は「新憲法草案」を発表していた。いずれの草案も考え方の基調は同じだ。国の防衛、国の威信を前面に出し、そのためには国民の権利や自由は制限されて当然、という発想だ。

たとえば、いずれの草案も第一二条を「国民の責務」として、自由や権利には責任と義務が伴い、公益や公の秩序(現行は「公共の福祉」)に反してはならない、などとしている。為政者が「公益、公の秩序に反している」と判断すれば、自由は制限されることになる。さらに、二〇一二年版では、「集会・結社の自由」「表現の自由」などを定めた第二一条に関しても、第二項を新設し、「公益及び公の秩序を害することを目的とした活動を行い、並びにそれを目的として結社をすることは、認められない」としている。ここでも為政者によって公益に反すると判断されると「表現の自由」などが制限されることになる。

実際、彼ら政治家たちは、国民の自由を制限させたいのだろう。自分たちを批判するためのデモや集会、街頭演説などをいっさいやめさせたいのだろう。二〇一三年、特定秘密保護法案に反対して、国会周辺に集まったデモに対して、「単なる絶叫戦術はテロ行為とその本質においてあまり変わらない」などと、当時の自民党幹事長がブログに書きこんだ。また、二〇一五年、安保法案に反対するデモに参加している学生に対して、「そんなことをしていると就職できなくなる」などと、やはりブログに書きこんだ市議もいた。

彼らにとっては、国民の政治参加とは「選挙をすることだけ」だという思いこみがあるのだろう。国民は投票に行き、それで選ばれた議員が地方議会や国会で政治をやる。これが正しいルールだ。それなのに、デモをやったり、集会をやったりして、政治に口を出す。これは「政治のルール」を破る行為だ。そう思っているのだろう。投票行為だけで、国民の政治参加は十分。選挙権の年齢も一八歳以上にまで広げたではないか。政治はあくまで、選ばれた自分たち「プロ」の仕事。国民はそれに従えばいいのだ。そう思い上がってしまうのだろう。そんな意識が、自民党のつくった二つの改憲草案からにじみ出ている。

アメリカから「押しつけられた憲法」は、国民の権利や自由について、きちんと認め、記述している。ところが、自民党の改憲草案はそれをどんどん制限しようとしている。それに、戦前の日本に対する郷愁すら感じられる。二〇一二年版では、第一条で天皇を「元首」としている。戦後、天皇は政治的立場や強制からせっかく離れたのに、再び縛りつけられてしまう。第九条では、「国防軍」(二〇〇五年版では「自衛軍」)の創設が規定されており、安保法制も成立した。自衛隊を軍隊として派兵し、アメリカの戦っている戦争に参加させる。あるいは、日本から宣戦布告することもあるかもしれない。そのとき、天皇の名のもとに戦争を行う。そんなことを想定して、天皇を「元首」としようとしているのではないか。そんなことさえ勘ぐってしまう。核武装や徴兵制の必要性を主張する議員もいる。そのほうが勇ましく思われ、人気が出てしまうのだ。

国民の側も、国家の権限や力が強くなり、大きくなったほうが、国民一人一人も強く、大きくなれると錯覚してしまう。本当は、国家が強くなればなるほど、国民の自由や権利はますます制限されてしまうのだが。福沢諭吉は「一身独立して一国独立す」と言った。自民党の改憲草案は、それとは逆行している。

「自由のない自主憲法」より、「自由のある押しつけ憲法」を

そうした問題意識を踏まえて、ニューヨークのシンポジウムで、最後にこんな発言をした。アメリカに押しつけられた憲法を廃して、自主憲法を制定すると自民党の政治家たちは言う。しかし、それによって、国民の権利や自由が制限される。国民の権利も自由も守ってくれない。そんな改憲などやらないほうがいい。そんな自主憲法はいらない。「自由のない自主憲法よりは、自由のある押しつけ憲法を」と発言した。憲法があって、国民があるのではない。国民があってこそ、憲法があるのだ。国民のために憲法を変えるのならいい。しかし、国民を縛るために憲法を変えるのは本末転倒だ。イギリスのように成文憲法典をもたない国だってある。

当日、会場には二〇〇人ぐらいの人たちが聴きに来ていた。アメリカの一般市民や記者などにまじって、日本人や日本のマスコミ人も来ていた。シンポジウムが終わってから、日本人記者に声をかけられた。「あの最後の発言はよかったですね。丸山眞男のようでしたよ」と言う。えっ？　憲法について丸山が同じようなことを言っていたのか？　知らなかった。「いえ、違うんです。民主主義について言っているんですが……」と教えてくれた。

戦後日本の代表的な政治学者・丸山眞男は「大日本帝国の「実在」よりも戦後民主主義の「虚妄」の方に賭ける」と言ったという。これは丸山が著書『現代政治の思想と行動』（上・下、未来社、一九五六、五七年）の増補版（一九六四年）の後記として追加した文章だ。しかもこの後記の草稿では、こう書いている。「渦巻いているのが、戦後民主主義を「占領民主主義」の名において一

括して「虚妄」とする神話である。(中略)荒涼とした瓦礫《がれき》の只中で汲みとった筈《はず》の思想的反省が「虚妄」のレッテルによってかくも無雑作に押し流されようとすることに我慢がならない」(丸山眞男文庫・草稿類デジタルアーカイブ。NHK「民主主義を求め――政治学者丸山眞男」二〇一五年一月三一日放送で紹介)。確かに戦前の大日本帝国は強国として力をもっていた。それに比べると、戦後は思想のない「虚妄」だと批判されることが多い。しかし、国家が強くて、国民の権利や自由がない時代のほうがよいのか。それは違う、と丸山は言ったのだろう。いまは、たとえ「虚妄」であったとしても、国民の力でそれを実のあるものにすることができる。そのためのシステムが民主主義だ。

これは「国家が先か、国民が先か」という問題にもなる。人間がいて、その人間が幸せに暮らすための知恵を働かせて国家をつくったのだ。逆ではない。ところが、国家が成立すると、国家を強くしようとする。そして、長い歴史をもった国家は美しい神話などで、自国を美しく物語ろうとする。時として、それは、自国だけが尊い、自国だけが神のつくった国だ、などと思いこむことにつながる。さらには、国民は国家のためにある、という考えにもなる。

憲法の場合も同じだ。人間が幸せに暮らせるように、憲法をつくった。人間あってこその憲法なのだ。別の見方をすれば、いくら立派な憲法があっても、それでよいということにはならない。「平和憲法」さえ変えさせずに守っていれば、戦争は起きないということにはならない。人間が「平和憲法」を実行させるために、闘い続けなければならない。「平和憲法さえあれば」という発想は、改憲派の「憲法さえ変えれば、日本はよくなる」という発想と、根本のところで同じだ。

人間があって憲法がある以上、人間の不断の努力が求められてもいるのだろう。実際、憲法第一二条にはこうある。「この憲法が国民に保障する自由及び権利は、国民の不断の努力によつて、これを保持しなければならない」

小林節さんが改憲反対になったきっかけ

この章の冒頭でも述べたが、ベアテさんと同様、僕は小林節さんからも大きな影響を受けた。現在は慶応義塾大学名誉教授で、二〇年以上前から憲法学者として改憲運動を領導してきた人だ。改憲を目指す政党や新聞社などで、ブレーンを務めてきた。改憲運動の導きの星とでもいうべき存在だった人だ。

ところが、その小林さんが、二〇〇〇年代初めごろから「憲法改正は必要ない。むしろ、いまの改憲の動きは危ない」と言い出した。そしていまは、改憲に反対し、護憲派の人々とともに闘っている。集団的自衛権の行使容認の閣議決定(二〇一四年)にも反対し、二〇一五年六月の安保法案をめぐる国会審議の際には、民主党の推薦により憲法学者として国会に招致され、ほかの二人の憲法学者(自民・公明・次世代の党推薦の長谷部恭男氏、維新の党推薦の笹田栄司氏。いずれも早稲田大学教授)と同様に「安保法案は違憲」と断言した。「左翼に転向したのではないか」などと、改憲派からは批判される。いったい、小林さんに何が起きたのだろうか。

小林さんに妙な所で会ったので聞いてみた。二〇〇五年のことだ。故・立川談志の弟子に立川談慶《だんけい》という落語家がいる。この人の真打披露パーティーだった。当時は談志も元気だった。僕はもともと落語が好きで、談慶さんの落語も以前から聴いていた。そのパーティーに小林さんも来ていた。小林さんが落語好きだとは聞いてない。「あれ？　どうして？」とたずねた。「彼は僕の教え子だよ」という。そうか、談慶さんは慶応大学の卒業生で、学生時代は小林さんに学んでいたんだ。談志の弟子たちは師匠から「談」の字をもらって、名前をつけてもらっている。談志、談之助、談慶……と。「こいつは慶応出だから」というので、立川談慶となった。

談慶さんがお礼の挨拶を述べているとき、談志が「そんなときは、談慶（ダンケ）シェーンって言うんだよ！」と横から声をかけていた。うまいもんだと思った。

談慶さんは、最初、「立川ワコール」という名前だった。落語家になる前に、女性用の下着などを販売する会社ワコールに勤めていたからだ。大きなカバンにブラジャーやパンティの見本を詰めて営業に回っていた。あるとき、交番の前を通ったときに、つまずいて転んでしまった。カバンの中からブラジャーやパンティが飛び出て、大あわてだ。警察官もビックリした。「もしかしたら、下着ドロボーか」と思われた。「あの時、ワコールの名刺がなかったら、完全に捕まっていた」と言っていた。

慶応大学在学中は小林さんの講義を受けており、「とても厳しい先生でした」と言った。僕も何回か小林さんの講義に出たからわかる。確かに、厳しい。棒をもって歩き、時々、机をバシバシと叩いている。学生はみな緊張して、背筋をピンと伸ばしている。服装も、キチンとしている。寝ている学生も、私語をする学生もいない。こんな厳格な雰囲気で講義をやっている先生なんて、この人ぐらいだろう、と思った。

また、ゼミへの希望者も多く、面接をしてゼミの受講生を決めている。厳しいが、学生には人気がある。ゼミの卒業生の就職率も抜群だという。「小林先生に教えてもらった学生たちは、ぜひ採りたい」と企業の側から来るらしい。考え方、行動、口のきき方など、しっかりした学生を育てている。小林さんは、知識を教える教授という以前に、教育者として尊敬されているのだ。

談慶さんのパーティーで、小林さんに「最近、自民党の改憲案や改憲運動を批判していましたね。どうしたんですか？」ときいてみた。「自民党の連中には愛想がつきたんだ」と言う。「でも、何が一番のキッカケだったんですか？」と聞いたら、〈愛国心〉だと言う。えっ？　どういうことだろう。自民党も小林さんも〈愛国心〉は必要だと言っている、違うところはない、と思っていた。ところが、自民党の側は「愛国心をもて」といった主旨を憲法に書こうと主張してきたという。しかし、小林さんは、国が国民に「愛国心をもて」と強制するのはおかしいと述べる。政治家の仕事は、国民が愛せるような国をつくることではないのか。政治家が思い上がっている、本末転倒だ、と小林さんは憤る。

勇気ある改憲論

小林さんは、一九九二年に『憲法守って国亡ぶ――私たちの憲法をなぜ改正してはいけないのか』（ＫＫベストセラーズ）という著書を刊行している。同書で、小林さんは「日本国憲法への改憲提案」を書いている。ところが、自民党の改憲案や、昨今の改憲派が主張するようなものとは違う。そこには、日本社会を良くしていこう、という積極的な意欲が感じられる。憲法学者としての良心にかけて書いたのだ、と僕は思っている。
たとえば、こんな具合だ。第九条に「すべて国民は、法律の定めるところにより、国防の義務を負う。但し、良心的兵役拒否の自由は、法律の定めるところにより、何人に対してもこれを保障する」といった規定を加える。これは、かなり意欲的だ。また、第二五条では、「すべて国民は、健康で文化的な最低限度の生活を営む権利を有する」という現行の規定のあとに、こう加えるべきだという。「心身に障害を有する者が人格的な生活を確保する権利は、国政の上で特に尊重されなければならない」

単なる「後向きの改憲」ではない。前進するための改憲だ。勇気がある。さらに勇気があるのは、これからだ。第九九条「天皇又は摂政及び国務大臣、国会議員、裁判官その他の公務員は、この憲法を尊重し擁護する義務を負ふ」という現行の規定のあとに、同条の二として「元号を廃止し、西暦を用いる。君が代にかわる、わが国に相応しい国歌を定める。わが国の国旗は日の丸である」と加えることを提案している。実は、この文章が右翼から攻撃を受けることになった。

確かに、右翼からすれば、挑発し、けんかを売っているようなものだ。しかし、小林さんは右翼から攻撃されるなどとは思わなかった。学者としての信念に従っただけなのだろう。ところが、右翼は激昂した。「元号を廃止しろとは何事か！」「君が代を否定するなんて、国賊だ！」と批判し、攻撃した。

日の丸、君が代についてはいろんな議論がある。だから、「法律によってこれを定める」としておいて、あとで議論するという手もあった。実際、一九九九年には国旗と国歌を「日の丸」と

「君が代」にする法律ができている(「国旗及び国歌に関する法律」)。また元号についても、使っている人は、自然と少なくなっている。特に国際的な商売や、学術的・専門的な論文などでは、みな西暦だ。僕だって、西暦ばかり使っている。それに、大正何年、昭和何年と言われても、すぐに何年前のことなのか計算できなかったりする。だからといって、わざわざ憲法に書かなくてもよいとは思うのだが。

しかも、天皇条項も問題視された。第二条「皇位は、世襲のものであつて、国会の議決した皇室典範の定めるところにより、これを継承する」というのが現行の規定だ。これを「性別にかかわりなく、これを継承する」(傍線・引用者)と変更することを提案している。つまり女帝を認めるということだ。そのこともまた、「小林は売国奴だ!」「非国民だ!」と攻撃される原因となった。内容に少々不満であっても改憲論議を起こすことはいいことだ、と僕は思うのだが、右翼の人たちはなかなかそう思わない。

これは、タブーにとらわれない、前向きな視点をもった改憲論だと思ったし、これを一つの叩き台にして議論が前進すると思った。本が売れ、話題になったのだから、改憲派は、これを機に改憲の議論を盛り上げればよかったのだ。しかし、そうはならなかった。

小林さんは勇気をもって、学者として信じるところに従って改憲を提案したと思う。本の帯には、こう書かれている。「日本最大のタブー、「改憲」に挑む!」「気鋭の憲法学者が勇気をもって提言する「日本国憲法亡国論」」

「売国奴」といわれる覚悟

小林さんを攻撃した右翼の人が言っていた。「これ（小林さんの改憲論）は護憲論よりも悪質だ。仲間のふりをして近づきながら、この国を真剣に守ろうとする俺たちとは逆のことを言っている。この国を亡ぼそうとしている」と。改憲を目指す同じ仲間だと思っていたが、考えが違っていた。そのとき、その相手に対する憎悪は、激しいものになりがちだ。ところが、小林さんは、最初から右も左も超越していたのだろう。そして、いまは、むしろ左といわれる人たちの運動に関わることが多い。

小林さんは、かつて自民党の政治家たちに、憲法について講義し、改憲のブレーンとしても力を発揮した。ところが、自民党の構想する改憲案は、復古的で、為政者の上から目線ばかりが目立つ、おおよそ小林さんの考える憲法とは異質なものだった。小林さんは、自民党の政治家たちの変化、危険性を知り、改憲の動きを批判するようになっていった。「同じ味方」だけで集まって気勢を上げているような風潮。ちょっと考えが違うだけでつぶし合う政治家や活動家の集団。小林さんは、それらを嫌ったのだ。オープンな言論の大切さを身をもって感じたのだろう。

前述したように、二〇一五年六月の安保法案をめぐる国会審議では、小林さんは同法案を違憲と断言した。はたして安倍政権や自民党の議員は、小林さんの唱えた改憲が自分たちの改憲とどう違っているのか、小林さんが現在、どういう主張をしているのかなど、どれだけ関心をもっていたのか。現に二〇一三年一一月、特定秘密保護法案について国会で賛成を表明した憲法学者の長谷部恭男さんを安保法案の国会審議で自民党などの推薦で招致したが、長谷部さんは小林さんと同様に違憲と断言した。「同じ仲間なら、こう思うはず」という勝手な考えを押しつけているに過ぎないのだ。

　僕にも似たような経験がある。僕はかつて一水会の代表だったが、一九九九年に辞め、いまは顧問も辞めている。そして、二〇一五年には、一水会は「右翼」と名乗ることを辞めた。僕らの行動が、他の右翼団体から激しく批判され、「裏切り者」「右翼と名乗るな」と言われたのだ。「一水会が右翼と名乗ることで、右翼が誤解される」と。もともと一水会は自由な組織だったから、むしろ「右翼活動」ではない、独自の活動を進むのがよいと思っている。以前から、左の人を勉強会の講師に呼んだり、僕も左の人たちや護憲派の集会に呼ばれることも多い。もともと立場や考え、思想が一〇〇パーセント違っても当然とお互いに思っているのだが、僕が〈愛国心〉や右傾化の問題などについて話すと、左派や護憲派の人たちと考えが重なる部分もある。たとえ、五パーセントか一〇パーセントでも、重なるところがあれば、「考えが一致するところがある。話し合える」と喜んでもらえる。そして、議論は前進する。

　ところが、右翼同士などだとこうはいかない。「仲間だから一〇〇パーセント同じはずだ」と思いこんでいる。しかし、この「はずだ」がかなりのクセものだ。五パーセントか一〇パーセントの違いであっても、「これでは話にならない！」「裏切り者！」となる。以前、あるパーティーで、知らない右翼青年に、いきなり胸ぐらをつかまれ、「国賊め！」とののしられたことがある。もし、僕がその手をふりほどこうとしたり、相手を押したりしていたら、たぶん、僕は警察に逮捕されていただろう。共通の「大きな敵」はいくらいてもよいのだが、同じグループに「小さな敵」がいることは絶対に許せないのだ。

そして、いま、この傾向は日本全体に広がっているのではないか。「同じ日本人なんだから」「日本を愛する愛国心をもっているのだから」という視野の狭い仲間意識のもと、排他的な傾向が強まっている。政権を批判したり、日本の問題点などを指摘したりすると「反日！」とののしられる。「他国に学んで、日本のここを良くしよう」などと言っても、「お前は外国の肩をもつのか」と怒鳴られる。その結果、「日本はすばらしい」「日本人は最高」といった自画自賛の言葉が氾濫し、そしてその足下で排外主義が跋扈《ばっこ》しているのが現状ではないのか。

前述したように、終戦後、日本人が革命的な憲法案をつくれなかったのにも、同様の問題を感じる。「売国奴」などと批判されることを恐れ、結果的に、明治憲法とあまり変わらない保守的な憲法案をつくることになった。本当であれば、たとえ「売国奴」とののしられようと、「これが国のためなのだ、国民のためなのだ」という信念で、前に進んだほうがよかったのだ。ところが、そんな勇気のある人はいなかったのか。「売国奴」と言われる覚悟をもった人間こそ、実は未来にとっては「愛国者」なのだ。

国家の理想を語ってこそ憲法

現在の憲法ができた頃の資料を読むと、在野でも、活発に改憲私案がつくられていた。社会思想家の高野岩三郎を中心に、憲法史研究家の鈴木安蔵《すずきやすぞう》が事務局を務め、杉森孝次郎《すぎもりこうじろう》（早稲田大学教授）、森戸辰男《もりとたつお》（元東京帝国大学助教授）、岩淵辰雄《いわぶちたつお》（評論家・貴族院議員）らが参加した憲法研究会がつくった「憲法草案要綱」(一九四五年一二月)などだ。政府のつくった案とは違い、かなり進歩的、自由主義的なものだった。占領軍は、それを入手し、参考にしたという。

また、明治憲法を策定するときにも、民間からの私案(私擬憲法)は随分とあったという。明治憲法は、伊藤博文ら明治政府が密室でつくったのであって、民間などはいっさい関係ないと思っていたが、違った。たとえば、各地で自由民権運動を行っていた人たちなどが、憲法案の作成を試みている。特に土佐の植木枝盛《うえきえもり》のもの(「東洋大日本国国憲按」)が有名だ。鈴木らの「憲法草案要綱」も、この枝盛の案を参考にしたという。枝盛の案は、抵抗権や革命権、さらに死刑廃止すらも規定している。終戦後に改憲案をつくるときでさえ、誰も考えなかったようなことを、すでに明治時代に提案していたのだ。そんなことをよく主張できたものだと思う。命がけの行動だ。

そんなことを知ったのは、家永三郎《いえながさぶろう》『革命思想の先駆者──植木枝盛の人と思想』(岩波新書、一九五五年)によってだ。そんな時代に、これだけの思い切った案をつくった活動家がいたなんて驚きだった。家永三郎というと、我々の世代はどうしても「家永裁判」を思い出してしまう。文部省(現・文部科学省)による教科書検定が憲法違反であることを求めた裁判だ(一九六五年提訴、第一次訴訟)。僕が学生だったころは「家永教科書は反日的で許せない」などといって抗議したり、裁判に行ったりしていた。その家永三郎が、こんないい本を出しているなんて、当時はまったく知らなかった。

枝盛は、女性の権利を認めるための女性解放運動なども支援していた。ところが、枝盛はけっこう「女遊び」もやっていた。それなのに、女性の権利、女性の解放なんて言える資格があるのか、と批判する人もいる。しかし、家永は、そんな枝盛を弁護している。その論理がすごい。酒をあまり飲まない人が「酒をやめろ」と言われてもたいしたことはない。だが、酒好きな人間が酒をやめるのは大変だ、と。つまり枝盛は女性との噂も多く、遊んでいた。その人間が女性の人格を尊重し、女性の権利の確立を説くのだから、大変な覚悟だし、一大決心だ。それは認めてやるべきだ。そんな弁護だった。この論理もまたすばらしいと思った。

もし日本が、これから改憲しようとするのなら、それくらいの覚悟がいる。また日本に憲法を押しつけたアメリカ、つまり草稿の作成にあたったベアテさんたちの情熱や夢を凌駕《りょうが》する情熱と夢をもっていなければならない。明治憲法をつくったときの枝盛たち民間側の憲法草案。さらに、鈴木安蔵らがつくった「憲法草案要綱」。それらをいま、再び検討し、憲法とは何かを考えるのもいい。将来に対する夢も情熱もなく、「かつての強い日本に戻りたい」という回顧だけでは、話にならない。その点、小林さんの改憲論には、学者としての信念と勇気があったと思う。

憲法は何よりも権力者を縛るためのものだ。そして、その国がどんな国として歩んでいこうとしているのかを世界に向かって宣言するものだ。いますぐに実現できなくても、国家の目指すべき理想を語るべきだ。その点、刑法、商法などの法律とは違う。現実的な生活のレベルでは、法律さえあれば、そこに憲法がなくても個人の生活はできる。

だからこそ、もし日本にふさわしい憲法を改めて考えるのなら、十分な時間をとって考えるべきだろう。本当に改正する必要があるのか。まず、そこからきちんと検討することが大事だ。「とにかく改憲しやすいところから、まずは改憲をしよう」とか、「改憲しやすいように、改憲の手続きを定めた条項（第九六条）を変えよう」などは姑息《こそく》だ。そして、改憲するにしても、これだけは絶対に変えてはならない、という条項をピックアップして決めるのも必要だと思う。たとえば、ベアテさんが、女性の権利を盛り込んだ第二四条などは、それにあたるだろう。ある意味、世界で最も進んだ条項でもある。これは、戦前、日本で女性の権利が著しく低かったことを踏まえて、ベアテさんたちが日本国民のために理想を与えてくれたものだ。

いまの改憲論に情熱や理想が感じられない。ならば、いま僕は、「不自由な自主憲法」ではなく、「自由な押しつけ憲法」に、この国の未来を賭けたい。

第4章 〈愛国心〉が汚れた義務となるとき

韓国で「ヘイトスピーチ」を語る

二〇一五年三月、僕は韓国のソウル大学に呼ばれて講演をした。テーマは「私はなぜヘイトスピーチを嫌うのか。日本の右翼がみる日本のネット右翼」というものだった。衝撃的なテーマだ。「韓国・朝鮮人は日本から出て行け！」「死ね！」などと大声で叫ぶヘイトスピーチが、日本では氾濫《はんらん》している。ネット空間だけではなく、路上でのデモも頻繁に行われている。二〇〇九年には、在日の子どもたちが通う京都の朝鮮人学校への攻撃も起きた。また、二〇一三年には、在日の人が多い、大阪・鶴橋で女子中学生が「在日の人は皆殺しにしたい。大虐殺をやります！」と絶叫した。酷い話だ。彼らは〈愛国心〉を口実にして、何をやってもいいと思っている。こんなのは、〈愛国心〉ではないし、彼らは「愛国者」ではない。そこから最も遠い行為であり、最も遠い人たちだ。

そして、書店に行けば、「反中本」「嫌韓本」といった差別的・排外的な本がうずたかく積まれている。大手の出版社からも刊行され、売れ行きも悪くない。保守系の新聞・雑誌は、これでもか、これでもか、とばかりに中国批判、韓国罵倒の特集だ。そんなものを読んで、「気分がスッキリした」と言う日本人もいる。情けない。劣化する日本人だ。

でも、こんなものは一部だ。そのことを言いたいと思った。ヘイトスピーチ・デモをやり、韓国を差別・罵倒している主体は「日本の右翼」だ、と思っている人も多いだろう。だが、それは違う。真の右翼は、そんな卑劣なデモをしない。反対している。そんなのは右翼ではなく、ネトウヨだ。そんなことも、しっかり伝えようと思った。

講演会の当日、会場となった大学の教室では立派な「講師紹介・資料集」が全員に手渡されていた。日韓問題について、私が書いたり、話したりした新聞、雑誌記事のコピーも入っている。「愛国」について語った『朝日新聞』記事（二〇一二年九月一九日付）。「過熱する「憎悪」。日本おとしめるデモ」について話した『毎日新聞』記事（二〇一三年六月二一日付）。

またこの少し前に、春香クリスティーンさんを相手に語った「右翼とは何か」も参考資料として入っている。春香さんは、スイス・チューリッヒ生まれのタレントで上智大学新聞学科の学生でもある。参考資料となっているのは、春香さんの『ナショナリズムについてとことん考えてみたら』（PHP新書、二〇一五年）の中で、私が話した部分だ。こんな見出しがついている。「「右翼」の定義から歴史的な変遷までを学ぶ」「いまの日本は「右傾化」していない!?」「「愛国者」が日本人らしくない態度をとる皮肉」「ネット上では誰もが複数のパーソナリティをもてる」……。

その他、たくさんの資料がつくられ、それが立派な「書類ケース」に入って、一人一人に渡される。この資料の中に、僕が書いた「講演の概要」がある。表は韓国語、裏は日本語で書かれていた。「過激なヘイトスピーチを繰り返す人たちや、ネット右翼などの情報が海外メディアで頻繁にとりあげられるが、それは一部の人間で、ほとんどの日本人は友好的。みなさんと仲良くしたいと願っています。日本と韓国は決して敵ではありません。四〇年間、日本の右翼運動を牽引してきた立場から、日本のメディアの現状や愛国心についてお話しします」

日本を理解しようとする韓国人

僕の講演会は、ソウル大学の大学院生を対象としたものだ。それも日本研究所の学生だ。日本語はもちろん、日本のことはかなり詳しかった。僕を講演に呼んでくれたのは、日本研究所所長で、ソウル大学教授の朴喆熙《パクチョルヒ》さんだ。朴さんは日本の政治だけではなく右翼のことも調べている。『代議士のつくられ方——小選挙区の選挙戦略』（文春新書、二〇〇〇年）という本も書いている。一九九六年の衆議院選挙で、東京一七区（葛飾区、江戸川区）から出馬した自民党の新人候補・平沢《ひらさわ》勝栄《かつえい》さんの選挙戦の過程を詳細に追った力作だ。選挙をとおした日本政治論である。しかも韓国人の朴さんが書いたのだ。朴さんとは二〇一四年一月に東京で会った。日本にはよく来ている。法政大学教授の山口二郎さんに紹介されて会った。朴さんには日本の右翼のこと、ヘイトスピーチのことを聞かれた。「今度、ソウルに来て話して下さいよ」と言われた。「うれしいですね。ぜひ行きたいです」と答えたが、まさか実現するとは思わなかった。

ソウル大学は、僕のような人間を呼んで日本について理解しようとするだけではなく、日本の大学生との交流も積極的に行っている。僕が講演したときも、名古屋大学の学生が交流で来ていて、一緒に参加していた。日本にいると、こういう話についてまったく知る機会がない。「仲よくしている」「話し合いをしている」「交流している」などはニュースにならないのだ。対立し、憎しみ合い、衝突する……ばかりが、ニュースになり報道されるのだ。その結果、さらに対立や憎悪が煽られるかたちとなる。

韓国の書店に「反日」本はあるのか

ソウル大学での講演が決まり、韓国に行くんだ、という話をしたら、日本の友人たちに言われた。「大丈夫ですか。「日本人は許せない」と襲撃されるんじゃないですか」「卵をぶつけられますよ」……。そんなにひどくはないだろうが、まあ、覚悟の上だ。卵をぶつけられようと、殴りかかられようと、甘んじて受けようと思った。かなり悲壮な覚悟だ。

しかし、そんなことはまったくなかった。日本人だと知ってもみな、友好的だった。タクシーの運転手や店の人たち、街で会う人たちも実に友好的だ。「うちの娘は京都大学に留学している」「息子は早稲田大学に通っている」と自慢げに言う人もいた。

でも、テレビ、新聞では「反日」を煽っているではないか。じゃあ、本屋に行ってみようと、探して行っ

ソウル大学での著者の講演会(2015 年 3 月).

た。学生街にある大きな書店を見つけて入った。三島由紀夫や村上春樹、宮部みゆき、松本清張などの小説がたくさんある。「反日本はありませんか?」と聞いてみた。日本なら、どこの書店でも「反中」「嫌韓」の本が平積みになっている。だから、韓国でも、それに対抗して「反日」本が平積みされていると思ったのだ。

ところが、ない。まったくない。「なぜそんな本を出す必要があるんですか?」と逆に聞かれた。えっ? 確かにそんな必要はない。それでも「こんなにひどい本が日本ではたくさん出ています。これに反対する本は出ないのですか」と再度聞いた。「そんなことをやって何がおもしろいのですか」と言う。さらに決定的なことを言われた。「いまさら日本の侵略、帝国主義を批判した本を出しても誰も買いません。誰も読みません。だって韓国人ならみんな、知っていることですから」

あっ、そうなのか、と思った。恥ずかしい話だ。その点、韓国は大人だし、日本は子どもだ。

愛国者としての安重根

僕が韓国を訪れたのは二度目だ。以前訪れたのは、一九八五年のことだ。バリバリの右翼をやっていたころだ。右翼の大先生や先輩たちと訪れた。当時、韓国は全斗煥《チョンドファン》大統領の政権下で、冷戦が進行するなか、日米との連携強化を進めていた。日本の右翼はみな、韓国支持で、韓国にもよく訪れていた。右翼の人たちは言っていた。中国、ソ連の共産主義に対抗するために、日・韓・台湾・アメリカなどの自由主義諸国は連帯し、固く協力しなくてはだめだ、と。だから、当時、僕らが訪れたときも、韓国の議員や軍人も会ってくれたし、大歓迎された。しかし、僕はそういう状況を冷めた目でみていた。

韓国で訪れる予定の場所には、安重根《アンジュングン》記念館もあった。僕は反感を覚えた。安重根は日本の伊藤博文（当時は前韓国総監）を暗殺した人だ。その人を讃え、記念する建物が安重根記念館だ。そこに行って我々は何をするのか。抗議でもするのか。

ところが、右翼の先生は私に言った。「鈴木君、それは狭い考え方だ。伊藤博文が殺されたということは日本人として気持ちのいいものではない。心中複雑だ。ただ、安重根はここでは英雄だ。愛国者だ。だから我々も、日本から来た愛国者として、ここの愛国者にも礼を尽くそう」

驚いた。そんなに簡単に恨みを水に流していいのか、と思った。正直言って、このときはわからなかった。「右翼の先生はそう言っても、日本人が殺されているんじゃないか」と。

もう一つ、紹介しよう。当時、日韓関係がものすごく友好的だったし、あまりに近すぎて、これは癒着じゃないのか、と疑問をもったほどだ。日韓はとてもうまくいっていたし、仲がよすぎる、と僕はみていた。しかし、その時でも、もう竹島問題はあった。小さな島だ。でも大きな問題だ。日本の親韓国的な人も、あえてこの問題には触れなかった。そのとき、大日本愛国党総裁の赤尾敏《あかおびん》さんはこう言っていた。「ソ連・中共に対抗するために、日米韓台の連帯が大切だ。共産主義の侵略から自由主義国家を守るための戦いだ。特に日韓の連帯は大切だ。だが、竹島の問題がある。いったいどちらが大切だ。日韓友好か竹島か。もちろん、日韓友好の方が大切だ。その前には竹島の問題などたいしたことではない。もし、どうしても日韓友好に竹島問題が邪魔な

安重根記念館の安重根像．手前に立っているのは著者（ソウル，2015 年 3 月）．

改憲と〈愛国心〉

らば、竹島なんかダイナマイトで爆破してしまえ」。すごいことを言うと思った。いまだったら、こんなことを言ったら殺される。当時だって危ない発言だ。赤尾さんだから言えた。

それにいま、「日韓友好か、島か？」と問われたら、誰もが「島が大切だ」と言うだろう。「領土はたとえ一ミリたりとも譲れない」と言う。また「島（領土）を守るためなら戦争も辞さない」と勇ましい発言をする人だって、少なくない。

安重根の問題にしろ、竹島の問題にしろ、昔は僕もわからなかった。右翼の先生方の発言に反発していた。「日韓癒着ではないか」「反共がすべてなのか」「ナショナリズムがない」と、反発した。しかしいま、空疎なナショナリズム、言葉だけの「愛国者」が急増している。その時に、考えこんだ。昔の右翼の人たちの奥深さを。

いま、安倍政権自らが先導して、改憲を訴えている。二〇一六年夏の参議院議員選挙に勝利し、憲法改正の実現を目指すと言っている。押しつけ憲法のせいで、日本人はみな自虐的になり、敗戦コンプレックスに陥っている。これではだめだ。押しつけ憲法を廃して、自主憲法をつくる。この作業を通して、本来の独立の実感が得られる。「日本を取り戻す」ことができる、と。

安倍首相は、〈愛国心〉の大切さを強調してきた。第一次政権時の二〇〇六年には、教育にとっての「憲法」ともいえる教育基本法を改正し、「我が国と郷土を愛する」という条項を盛り込んだ(第二条第五号)。こうして〈愛国心〉を養うことが、学校教育の目標に掲げられた。これより前、二〇〇二年度には、福岡市の小学校で通知表に「国を愛する心情」という評価項目があり、問題になったことがある。最近の子どもたちはだらしない。「自虐的教育」の結果、自分の国に自信をもてないでいる。自分の国を守ろうという意思もない。だったら、教育の中で、〈愛国心〉を叩き込んでやろう。そんな考えなのだろう。

さらに自民党は、〈愛国心〉を憲法にも盛り込もうとしている。二〇一二年の自民党改憲草案では、前文で「日本国民は、国と郷土を誇りと気概を持って自ら守り」、「美しい国土と自然環境を守りつつ」、「良き伝統と我々の国家を末永く子孫に継承するため」などといった文章が続く。また、第三条第二項でも「日本国民は、国旗及び国歌を尊重しなければならない」とある。

「愛国心」が煽られると、国民は自分が国家と一体になったような気になる。「韓国を許すな！」「中国になめられるな！」と勇ましい言葉を叫ぶ。本来、自分が苦しみ、不幸な目に遭っている原因は、韓国や中国とは関係がないはずなのに、「日本を守れ！」となってしまう。国家と一体になったと思うことで、自分が偉くなったような、高みに立っているような錯覚をもつ。自分の目の前の現実を忘れさせてくれるのだろう。

そして、政府の側も意図的に、そういう方向に国民の目が向くようにしている。テレビなどに出てくる政治家なども、話を単純化させて、一般の人に実にわかりやすく話す。「みなさん、政治意識をもって、大きな視点から見ましょう」と語りかける。しかも、わかりやすい「敵」を示す。いかに日本を取り巻く環境が脅威にさらされているか。もっと、防衛について真剣に考えなければいけない。このままでは日本が滅んでしまう。それでいいのか。いまこそ憲法を改正しなければならない。それができるのは自民党だけだ。そう思いこまされてしまう。

〈愛国心〉を批判した三島由紀夫

こうした現状をみるにつけ、思いだされるのは三島由紀夫のことだ。

改憲ムードが高まり、声高に〈愛国心〉が叫ばれるいま、保守派の人たちの多くが「三島の叫びがやっと国民に届いたのだ」と思っている。一九七〇年一一月、三島が東京・市ヶ谷の自衛隊駐屯地に突入し、自衛隊員を前に憲法改正を訴えたときは、誰も聞く耳をもたなかった。「降りて来い」「ばかやろう」などの野次と罵声が飛んだ。三島の叫びは、自衛隊にも国民にも届かなかった。あれから四五年以上がたち、やっと届いたのだ。首相自らが改憲を訴えているではないか、と。

ところが、三島は自決の二年前、一九六八年一月八日付の『朝日新聞』夕刊に「愛国心——官製のいやなことば」と題したエッセイを寄稿している。「実は私は「愛国心」という言葉があまり好きではない」という文章で始まる衝撃的な内容だ。当時、右翼学生だった僕は、三島の言っていることの意味がわからなかった。「三島さんも困るよなあ、こんなふざけた文章を書いて」と思った。左翼に迎合しているとも感じた。しかし、いまは、三島の言ったことがよくわかる。三島はこう言う。

愛国心の「愛」の字が私はきらいである。自分がのがれようもなく国の内部にいて、国の一員であるにもかかわらず、その国というものを向う側に対象に置いて、わざわざそれを愛するというのが、わざとらしくてきらいである。

こういう実体のないものを「愛国心」と思っている。いや、思わされている。いまの日本人が抱えている矛盾が表現されている。そして三島は言う。

もしわれわれが国家を超越していて、国というものをあたかも愛玩(あいがん)物のように、狆(ちん)か、それともセーブル焼の花瓶(かびん)のように、愛するというのなら、筋が通る。それなら本筋の「愛国心」というものである。

ペットや花瓶を愛するように、この国を愛する。それが君たちの信じている「本筋の「愛国心」」だ、と五〇年近くも前の三島から言われているのだ。さらに、「愛」という言葉は、日本語ではなくて、キリスト教から来たものだろうとも言う。

もしキリスト教的な愛であるなら、その愛は無限定無条件でなければならない。従って、「人類愛」というのなら多少筋が通るが、「愛国心」というのは筋が通らない。なぜなら愛国心とは、国家を以て閉ざされた愛だからである。

三島の言葉は、現在〈愛国心〉を唱えている人たちの心情とその不毛さを見事に衝いている。勇ましい言葉、スローガンだけが先行して、人間の心情や行動がついていっていない。そんな日本の現在の状況をも指摘しているようだ。

右翼から攻撃されていた三島

三島は、政治家、権力者が〈愛国心〉を強調し、国民に押しつける、という図式が嫌いだったのだろう。それと同時に、〈愛国心〉を煽る政治家や右翼が嫌いだったのだろう。「三島は右翼だろう。変なことを言うな」と言われるかもしれない。しかし、それは違う。国を真剣に憂い、自衛隊の決起を叫んで自決した三島は、一九七〇年一一月二五日を境にして、いわば「神」になった。いまは「烈士《れっし》」として、右翼や保守派から英雄視されている。だが、生前の三島は、ずい分と右翼から批判され、攻撃されていた。

二・二六事件のとき、新婚だったために決起に誘われなかった青年将校が、決起将校の討伐を命じられ、その前夜、妻と自決するという内容の小説『憂国』(一九六一年)。これは映画にもなり(一九六六年)、三島自身が主演した。自決のシーンは、自衛隊での三島の自決を想起させるような迫真の演技だった。その血まみれの演技も評判を呼んだ。また自決の前に妻と最後の交わりをするシーンも、能舞台のように美しい。ところが、当時、多くの右翼の人たちは、「エログロだ」「青年将校を汚している」などと批判し、攻撃した。

東京・市ヶ谷の自衛隊駐屯地の総監部2階バルコニーで演説する三島由紀夫(1970年11月，写真提供＝共同通信社)

また、天皇のために決起をしながらも、天皇の命令で軍に討伐され死んだ二・二六事件の青年将校や、特攻隊の青年たちの霊が降りてきて、天皇に怨み言をいう設定の小説『英霊の聲《こえ》』(一九六六年)。これも衝撃的な作品だったが、右翼からずいぶんと攻撃された。「これは「英霊の声」ではない。「怨霊の声」だ」と。

実は、三島が右翼から批判され、攻撃されるのには、それ以前の伏線があった。一九六一年の「風流無譚《ふうりゅうむたん》」事件だ。深沢七郎《ふかざわしちろう》の小説「風流無譚」が『中央公論』一九六〇年一二月号に掲載された。夢の中で起きた事件を語る体裁をとっているのだが、その事件の中身がショッキングだ。日本に革命が起きて、皇居前広場で天皇や皇后が処刑されるという内容だ。これに怒った右翼が全国から駆けつけて、中央公論社に抗議し、攻撃した。さらに、一七歳の右翼少年が、嶋中鵬二《しまなかほうじ》社長宅に赴き、お手伝いさんを刺殺し、奥さんに重傷を負わせた。とんでもない事件だ。

事件はこれで終わらない。この「風流夢譚」事件が三島にも飛び火したのだ。この「不敬小説」を三島が評価し、『中央公論』に載せることを推薦した。そんな噂が流れたのだ。三島はもともと深沢七郎の作品を評価していた。しかし、「風流夢譚」については、それほどの評価はしていない。ただ、ブラックユーモアとして、単純に「おもしろい」と思ったようだ。これに尾ひれがついて、噂が独り歩きし、大きくなった。

三島の自宅に右翼の街宣車が押しかけた。警察も警備のために自宅前に配置された。三島が外出するときは必ず警察官の護衛がついた。「三島は右翼的なことを言いながら、実は不敬な発言もしている。危険な左翼だ」と右翼には思われていたのだ。

ただ、一九七〇年の三島事件で、がらりと変わった。「あっ、三島は本気だったのか。憂国の士だ」と右翼はみな思った。この日を境にして、三島は「人間」から「神」になった。今は誰も三島を批判する人はいない。

客観的に書いているようだが、僕だって他人事ではない。というのは、当時、僕も三島を評価し支持もしていながらも「いいとこどり」をしていたのだ。三島の政治的な文章や真面目な小説はいい。しかし、『美徳のよろめき』(一九五七年)や『不道徳教育講座』(一九五九年)などはまったく理解できず、「三島さんも困るよな、あんなものを書いて」と文句を言っていた。前述の「愛国心」の文章も理解できなかった。

三島は「右翼」と思われているが、でも「右翼」の人たちとの付き合いはほとんどなかった。右翼思想家の影山正治と「生長の家」の谷口雅春の二人のことは尊敬していたが、他との交渉はいっさいなかった。それどころか、「楯の会」の人間にも外部の右翼との付き合いを厳禁していた。学生たちが外の右翼に影響され、そっちに付くことを恐れたというよりも、三島は右翼が嫌いだったのだ。自らの〈愛国心〉だけを認め、それを押しつけようとする姿勢が嫌だったのだ。自分が右翼に攻撃された、過去の嫌な思い出もある。三島は「愛国」とは言わず、「憂国」と言った。声高に「愛国」を強制する勢力に、「憂国」でもって闘いに打って出た。それが、あの「愛国心」の文章だったのだろう。

〈愛国心〉を汚れた義務にするな

一九六九年一二月、三島は「楯の会」の学生たちとともに「憲法研究会」をつくり、毎週、研究会を行っていた。毎週三時間、計三四回に及んだ。その成果を一冊の本にしてまとめて出版するつもりだったようだ。だが、間に合わなかった。ただし、「楯の会」の班長だった本多清らの尽力によって、その「憲法改正草案」の全文が本としてまとめられている(『天皇に捧ぐ憲法改正』毎日ワンズ、二〇一三年)。それによると、三島の改憲案は自民党のものとはずいぶんと違う。核武装や徴兵制には反対している。「国を守るのは国民の名誉ある権利である。徴兵制になったら、それは汚れた義務になる」と言っている。また女帝も認めている。それに、国の力を強大にするためなら、個々人の権利や自由が奪われてもいい、という発想もない。さすが作家だ。表現者だ。言論の自由は一〇〇パーセント認めるべきだし、デモや表現の自由についてもそうだ。たとえ、国家の考えと反対の場合でも、言論の自由は保障すべきだという。そんな三島からすれば、いまの自民党の改憲案には、けっして賛同できないだろう。

「保守・右派・右翼」だから同じだ、と考えるのは間違いだ。右翼に攻撃されたときも、三島は「冗談じゃない。俺の方が本当の愛国者なのに！」と思ったに違いない。そんな苦い思いも、三島の「愛国心」の文章、そしてこの「憲法改正草案」に込められているのだろう。

また、三島は、自決直前の演説のときに撒《ま》いた声明文「檄」でこう叫んでいた。

政治家のうれしがらせに乗り、より深い自己欺瞞《ぎまん》と自己冒瀆《ぼうとく》の道を歩まうとする自衛隊は魂が腐ったのか。武士の魂はどこへ行ったのだ。魂の死んだ武器庫になって、どこへ向かうとするのか。

より具体的には、こうも言っている。

沖縄返還とはなにか？　本土の防衛責任とは何か？　アメリカは真の日本の自主的軍隊が日

本の国土を守ることを喜ばないのは自明である。あと二年の内に自主性を回復せねば、左派のいうごとく、自衛隊は永遠にアメリカの傭兵として終わるであろう。

「魂の死んだ武器庫になる」「アメリカの傭兵として終わる」。現在の安倍政権が目指す改憲は、むしろこの方向に進んでいるのではないか。「自衛軍」がアメリカとともに、世界中どこにでも出かけ、戦争に参加する。あるいは、アメリカの指示で、アメリカの代わりに戦争をする。まさに、「アメリカの傭兵」化ではないのか。二〇〇三年、イラク戦争の際にも、自衛隊は派遣されたが、「イラク復興支援」を名目に、小銃など以外の武器はもたず、戦闘に参加することもなかった。しかし、改憲がなされれば、実際の戦闘に参加するし、人を殺し、自らも殺されるようになるだろう。改憲がなされていなくても、安保法制の成立によって、その危険性は高まった。それが「普通の軍隊」「普通の国家」であるなどと、政治家たちは主張する。

三島が生きていたら、現在のこうした動きに反対していただろう。「俺の名前を使って反対のことを言うな！」と。

憲法改正、自主憲法は三島の悲願だった。でも同じ言葉を使いながら、まったく別の方向に行こうとしている。現在の政権が主張するような「自主憲法」ができたら、国家が国民に対して上から押しつける憲法になる。「自主憲法」という「名前」が大切なのか、それとも憲法の中身が大切なのか。僕は中身を選びたい。だから、言う。〈愛国心〉を汚れた義務にしてはならない、と。

鈴木邦男

1943-2023年．政治活動家，作家・評論家．早稲田大学政治経済学部卒業．学生時代は「生長の家」学生会全国総連合(生学連)に所属し書記長として活躍し，その後，全国学生自治体連絡協議会(全国学協)委員長を務めた．1972年に「一水会」を創設，顧問を務めた．

著書に『腹腹時計と〈狼〉』(三一新書)，『公安警察の手口』『右翼は言論の敵か』(ちくま新書)，『増補　失敗の愛国心』(イーストプレス)，『新右翼〈最終章〉〔新改訂増補版〕』(彩流社)，『反逆の作法』(河出書房新社)，『愛国者の憂鬱』(坂本龍一との共著，金曜日)など多数．

2020年，その活動・思想を追ったドキュメンタリー映画『愛国者に気をつけろ！　鈴木邦男』(中村真夕監督)が公開された．

映画公式サイト：http://kuniosuzuki.com/

ホームページ「鈴木邦男をぶっとばせ！」http://kunyon.com/

〈愛国心〉に気をつけろ！　　岩波ブックレット 951

2016年6月3日　第1刷発行
2023年3月15日　第3刷発行

著　者　鈴木邦男《すずきくにお》

発行者　坂本政謙

発行所　株式会社 岩波書店
〒101-8002 東京都千代田区一ツ橋2-5-5
電話案内 03-5210-4000　営業部 03-5210-4111
https://www.iwanami.co.jp/booklet/

印刷・製本　法令印刷　　装丁　副田高行　　表紙イラスト　藤原ヒロコ

ISBN 978-4-00-270951-2　　Printed in Japan
日本音楽著作権協会(出)許諾第1604535-303